布里斯本 黃金海岸 雪梨‧墨爾本

世界遺產、最美沙灘、打工遊學，
澳洲度假全攻略

Gold Coast Brisbane

愛麗絲 香蕉芭比 著

精彩豐富，最全面的澳洲旅遊書

恭喜 Alice 再次出版新書！延續前兩本暢銷澳洲旅遊著作，我很高興為大家介紹這本令大家期待已久的《布里斯本 · 陽光海岸 · 雪梨 · 墨爾本：澳洲度假全攻略》。

Alice 為旅居澳洲多年的華人，以獨特細膩的角度與深入的洞察力分享最在地的澳洲生活。這次的書不僅是一本旅遊指南，更增加了澳洲文化、藝術以及美食等；以豐富全面的角度讓大家更深度地了解澳洲。許多精選內容很有共鳴並充滿驚喜。我也深深感受到 Alice 對澳洲的熱愛、專業知識與文化底蘊，將澳洲的自然美景、豐富文化遺產景觀、特有的多元文化及美好的生活方式以精準筆觸呈現給大家；帶領讀者來一趟精彩難忘的澳洲之旅。

Austrade「澳洲貿易委員會」是澳洲政府旅遊政策的領導者。我們提供旅遊計劃並負責政府的官方旅遊統計。近幾年來澳洲政府透過澳洲貿易委員會為復興國際旅遊補助金注入更多資金，支持旅遊業重新接軌國際市場；我們很高興看到國際旅遊快速的復甦，並即將很快恢復到疫情前的盛況。

也因此我很興奮可以推薦這本出色的旅遊書，無論您是第一次踏上澳洲這片土地，還是再次造訪，我相信本書將成為不可或缺的旅行良伴；帶您踏上一段精彩絕妙的澳洲旅程。Come and say G'day 誠摯地歡迎您來澳洲旅遊。

Christopher Lim 林明皓
澳洲辦事處 副代表

深度的澳洲經濟、文化和旅遊洞見

我認識的愛麗絲芭比，是個很麻煩的人（笑）。

怎麼説呢？她對於生活一絲不苟，亮麗優雅，執迷於美，從美容到時裝，乃至到美食與旅遊，她都一絲不苟，即便是隨便喝一杯咖啡，她也有自己的要求和選擇，你説是不是麻煩呢？説笑而已，我和愛麗絲已經認識接近十年，從第一次到布里斯本採訪她，她對於旅遊和飲食文化的認真，不亞於任何記者，每一頓飯，每一個景點，都做足資料蒐集功課，故事娓娓到來，吃什麼、去哪裡，都説得出原因；她的觸覺敏鋭，不少她介紹過的餐廳，已經從寂寂無名，到現在蜚聲國際，足見她能夠看穿每一個地方的潛力，跟著她的介紹去澳洲旅遊，肯定能去到最優質的地方。

過往她曾經撰寫澳洲布里斯本的旅遊書，我經常問她：「什麼時候再寫啊？會否推出其他澳洲地方的旅遊書呢？」她總是搖頭説不行，因為她對書籍的認真，一旦開始，必定全身投入時間和心力，對於一位有全職工作的作者，這是遠超想像的工作量，如不是為了個人的興趣和讀者的熱情，我想這本書難以面世。

而我是由衷的敬佩，就算不是為了撰寫旅遊書籍，她的生活方式，已經習慣去蕪存菁、只取最佳，所以經過她千挑萬選收入書內的地方，都是最佳的；無論是生活選物店、精品咖啡店、文化觀光點，都是本地人和遊客必去的地方。對於澳洲文化有興趣的讀者，也推薦你閱讀此書，愛麗絲提供了澳洲經濟、文化和旅遊的洞見，展望將來，窺探歷史，絕對比一般旅遊書更為有深度。在數碼資訊爆炸的年代，購買一本書的成本很高，但是這一本，值得收藏，推薦大家跟朋友分享。

Gloria Chung 鍾詠嫻
Food and Travel Hong Kong
香港人氣旅遊美食家

自序

十年紀念版，代表了成長；幾乎全新重寫的新書，希望很不一樣，也希望讓大家從各方面更開闊的角度去欣賞澳洲。本書重點仍是從我的家布里斯本為主，延伸到昆士蘭州其他城市黃金海岸、陽光海岸與凱恩斯等；也特地擴大寫了主要的東岸城市雪梨、墨爾本與拜倫灣等。

這次也對文化有深度解析，希望在出發前透過本書可以更了解澳洲如此不同。並透過我喜歡的旅行主題包括美食、咖啡、藝術等進而更貼近你對澳洲行程的規劃。新書也會是段美食之旅，帶大家了解更多澳洲飲食，品嚐更多當地美味佳餚，希望本書能在旅程中豐富您的味蕾。許多的知識、味蕾、文化都是沉浸其中日積月累的體驗與學習。現在對我來説，深度旅遊更加吸引我。

私心希望，這是一本住在澳洲或來過澳洲的朋友也會想買的旅遊書。如果你是住在澳洲很久的人，或是來過澳洲的朋友；相信你在看書時會發自內心的會心一笑，從書裡找到驚喜，發掘些有趣的新東西，然後讚嘆原來澳洲還真是奧妙無比！

感謝辛苦的編輯與出版社團隊的肯定與支持。也特別感謝家人們。十年來，出書最大的收穫是沿途所收穫

的友誼。人生，來來去去；感謝透過書的結緣與相遇，全部對我都很有意義。許多朋友鼓勵與支持才能再次成就本書，點滴掛心頭。

心有多大，世界就有多大，夢有多遠，腳步就能邁多遠。用不同的心情去探索，每天時常仍有新發現、新感動。澳洲國徽上有袋鼠與鴯鶓，因這兩個動物只會往前不會後退；代表這個國家不停的前進與進步。帶著澳洲精神一直往前吧！旅程仍在繼續，希望每一步都慢慢的用心感受並都能帶回最滿足的歡喜。

Seize the moment, keep travelling.

目錄

Part 1　澳洲原來如此

Part 2　澳洲美學生活

Part 3　向澳洲出發：行前 10 大攻略

Part 4　布里斯本，全世界最棒地方之一

Part 5　陽光之州，黃金海岸、陽光海岸、
　　　　凱恩斯

Part 6　澳洲主要城市

Part 7　打工度假與投資、
　　　　後疫情旅遊，PLUS 行程規劃

澳洲這個年代：黃金十年

十年一個 Decade 年代之所以特別不僅是數字，也是一個階段圓滿的概念。十年常被拿來當個總結，具有里程碑意義一個階段性代表。網路之前甚至一度盛行接龍 # 10YearChallenge，就是要大家看看十年有什麼變化。藉著出書十週年紀念，一起回顧一下澳洲這黃金十年。

十年河東，十年河西；澳洲迎來了哪些變化呢？

這十年來，澳洲旅遊業意外面臨無比艱鉅的挑戰

因氣候關係許多地區都遭遇了洪水、乾旱與森林大火的打擊。2019年底發生了叢林大火影響全國。還有不僅是澳洲而是全球最大的改變，就是遭遇新冠疫情；改變了所有旅行習慣，動盪了整個旅遊餐飲產業。2020年由於疫情，受封鎖限制。嚴厲的鎖國期間，澳洲人無法出國旅行，也停止開放非澳洲人來觀光或打工；墨爾本甚至成為世界上封鎖最嚴重的城市之一。國際旅行於2021年11月恢復，直到2022年初趨向正常。慶幸的是，大家的堅強、韌性與毅力；疫情過後又再度掀起了旅遊急迫與渴望。但2022年澳洲東部受洪水衝擊，好幾個觀光景點再度受到重創。十年經過一路的挑戰。旅遊觀光產業不停的修復、重建與復甦，但挫折後代表了新的改變與機會；澳洲仍在成長。

挑戰之外，澳洲也是十年有成，旅遊風貌繼續升級

大城市的基礎建設也飛快發展，尤其是布里斯本。布里斯本引進了全新電動公車 Brisbane Metro，建蓋了更方便的跨河地下鐵路（Cross-River Rail）計畫將於2026年竣工將會讓交通選擇更統一。大型建案也紛紛落成！2018年霍華德史密斯碼

頭（Howard Smith Wharf）重新改建完成。全新地標皇后碼頭（Queens Wharf）的建設，2016 年提案，2024 年也順利迎來盛大開幕。舉辦過 2014 年的 G20 領袖高峰會議後，布里斯本也將承辦 2032 年夏季奧運會和殘奧會。十年前後，布里斯本依然是澳洲眾所矚目的新興城市；一直到下個十年還是它的舞台！

澳洲其他地方也是如火如荼的迅速發展

雪梨在 2014 年宣布第二個機場將於 2026 年完工。2019 年雪梨地鐵西北線（Sydney Metro Northwest）竣工開通，是澳洲第一個捷運系統。雪梨中央商務區輕軌也開始營運。2020 年在 Barangaroo 的雪梨皇冠大廈完工，也讓該區更完整的成為最新娛樂中心。墨爾本的 Metro Tunnel 穿過是市中心（CBD）的 9 公里地下鐵路隧道在 2018 年開始施工。2014 年 G:link 黃金海岸輕軌電車也已使用，並陸續增加更多停靠站點；主要熱門海邊景點也進行裝修與擴建。這些基礎建設相對改變並提升了當地生活品質和旅遊觀感。

隨科技進步,手機與網路社群在旅行中扮演越來越重要角色

雖然澳洲網路一直因為範圍、昂貴與網速飽受詬病,2019 年 Optus 開始推進澳洲 5G 使用,歷經十一年長期建設 2020 年國家寬頻網路也算順利完成約九成的佈點。下載速度隨之改善,也開始有網路數據吃到飽的手機方案;不過比較偏遠的山上可能還是會沒有網路喔!這十年來旅行時,也更多人使用澳洲發明的 Google Map 去查詢目的地資訊。疫情期間,許多支付方式也隨著電子化,公共交通也陸續安裝新的機器可以直接刷信用卡。不知不覺,行程因電子化,規劃行程都變得更加容易。Uber 也是 2015 年底開始才在各州陸續合法,提供另一種交通選項。當然 UberEat、Airbnb 與線上購物等新方式也繼續顛覆市場,改變了餐飲、住宿與零售市場結構。物換星移,這十年下來澳洲各地餐飲咖啡館也淘汰更新,替換改變很多。

十年全球物價高漲

疫情過後,旅行也相對變得昂貴;但同時澳洲開始更講究精緻奢華生活。在主要城市新增了不少國際級的五星,甚至六星飯店入駐,比如雪梨皇冠飯店(Crown Sydney)、雪梨嘉佩樂酒店(Capella Sydney)、墨爾本麗思卡爾頓酒店、黃金海岸朗廷酒店等。2018 年布里斯本台商投資開了第一間澳洲 W 飯店後,雪梨 W 飯店、墨爾本 W 飯店也陸續開幕。2018 年布里斯本也新增了威斯汀酒店(Westin)及台商投資的南岸諾富特飯店(Novotel Brisbane South Bank)。2025 年也將會有帝盛酒店(Dorsett),以及瑰麗酒店(Rosewood hotels)加入布里斯本。這幾年許多藝術中心、商場、飯店與餐廳也都進行擴張與裝修。

澳洲開始宣導原住民文化與體驗

許多景點加了原住民地名,比方說布里斯本又稱 Meanjin;人們也更重視可持續旅遊理念(Eco Tourism)。因氣候變遷,政府大筆投資修護如大堡礁等珍貴資產。十年,足夠多的改變與快速的發展。如來過澳洲的朋友,相信會在熟悉感之中看到城市極多的轉變。當然,澳洲也有很穩定的未來發展規劃;下一個年代,仍然令人期待。

Part 1　澳洲原來如此

澳洲歷史算年輕的國家，與台灣同位於亞太地區內，人口雖跟台灣差不多但實力不容小覷。文化因移民影響，多元有意思。了解澳洲文化後，才更能理解澳洲的不同與多元，更深度欣賞這個世界最大陸地，安排時間親自考察感受一下澳式生活與風光。

1

獨一無二的澳洲陸地

生活中其實很多事情都跟澳洲息息相關，但卻可能不曾發現原來這些都來自澳洲。比如 Google Map 是澳洲發明的你知道嗎？還有澳洲咖啡文化深深影響全世界，改變許多咖啡習慣。在台灣也仰賴許多澳洲原物料，包括牛肉或高粱等。喜歡旅遊的人拜讀的「背包客聖經」Lonely Planet 創辦者夫婦也是澳洲人！美國知名旅遊作家比爾‧布萊森（Bill Bryson）讚嘆：「澳大利亞真是充滿了驚喜。」看完本書後，更會發現：澳洲，原來如此！奧妙無比！

「澳大利亞」一詞源於拉丁語 australis，意為南方。更早在古羅馬時代又曾被指為「未知的南方大陸」

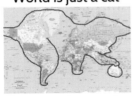 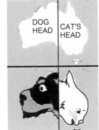

圖片摘自網路

（Terra Australis Incognita）。十七世紀，荷蘭航海家繪製了澳洲北部、西部和南部海岸的地圖後，這片新發現的大陸差點被稱為「新荷蘭」（New Holland）。至於現今使用的名稱「澳大利亞」（Australia）是英國探險家馬修・弗林德斯（Matthew Flinders）提出的更改，他是 1803 年為第一個環遊澳洲的人，1804 年在手繪地圖上使用 Australia 來描述這片大陸。

此地 1817 年才正式更改國名為 Australia；Australia 也常被非英語系地區的人混淆成 Austria（奧地利），但澳洲多了 al，千萬別搞混了喔！

澳洲也暱稱為 Oz、Straya 和 Down Under。其他綽號還有「偉大的南方土地」（Great Southern Land）、「幸運的國家」（the Lucky Country）、

「長週末之地」（land of the long weekend），或「曬傷的國家」（the Sunburnt Country）和「廣闊的棕色土地」（the Wide Brown Land）；澳洲人也暱稱為 Aussie。

獨立位於南半球，介於南太平洋和印度洋之間，擁有澳洲大陸和塔斯曼尼亞等周邊島嶼。四面環海，在東南邊隔著塔斯曼海，看似與紐西蘭為鄰，但其實離紐西蘭可還隔著 4157.41 公里的飛行距離。北部則是隔著帝汶海和托雷斯海峽與東帝汶、印度尼西亞和巴布亞紐幾內亞相望。

曾看過網路畫作把澳洲，左右對切後變成一個搞笑的貓頭與狗頭樣子；而澳洲在地圖上如同全世界大貓玩耍的小球，或許也代表澳洲很好玩，所以快出發吧！

澳洲比你想像還大

澳洲被稱為「下方的陸地」（Land Down Under），因為它是探險家在南半球尋找亞洲下方土地時發現的。很多歐美國家的人聽到澳洲，就會說「好遠」，但好在是距離台灣（亞洲

地，但其實有三分之一以上是沙漠，被認為是僅次於南極洲的第二乾旱大陸，有近 40％的土地無法居住。因此也是人口密度最低的國家，有 80％以上的人居住於沿海岸地區。

最重要的是，澳洲太大了，面積 769 萬 2024 平方公里，幾乎跟美國差不多大。所以，你不可能在短期遊遍整個澳洲，也不可能在一天內從雪梨開車到凱恩斯，就連搭飛機，從東岸布里斯本飛到西岸伯斯都要快 5 個半小時。從雪梨到伯斯的距離，差不多等於從紐約到路杉磯的超長途路線。網路上有笑話一則：在歐洲開 16 小時的車，已經橫跨五個國家；在澳洲過了 16 小時「怎麼還在昆士蘭州內？」空間感能想像出來了嗎！

也因澳洲算地廣人稀，廣闊空間、自然奇觀、海灘，擁有叢林和內陸而獨特，更有 20 個聯合國教科文組織 UNESCO 認定的世界自然遺產。首創的生態旅遊認證制，成立澳洲生態旅遊協會（Ecotourism Australia, EA），現已有超過 50 個經過認證的生態旅遊景點。

澳洲現在是君主立憲制國家，在

地區）最近的全英語系國家，也是全世界第六大的國家，僅次於俄羅斯、加拿大、中國、美國和巴西。

澳洲算是世界上最小的大陸，但面積又是世界上最大的島嶼。因為太大所以不能稱為島國，卻是名符其實的大陸民族（The Continent Nation）！更是世界上唯一一個既是大陸，又是島嶼的國家。

澳洲面積是最大島嶼格陵蘭島的三倍以上，是世界上土地唯一覆蓋整個大陸的國家。雖然自然資源豐富有許多原產動植物並擁有大量肥沃的土

實際上，澳洲國家元首由澳洲總理和澳洲總督共同擔任。政府等級分為三級；第一級為聯邦政府，第二級為州或領地政府，第三級則為地方政府。六個州分別為昆士蘭（昆州）、新南威爾斯（新州）、維多利亞（維州）、西澳大利亞（西澳）、南澳大利亞（南澳）、塔斯馬尼亞州（塔州）；澳洲首都領地和北領地是自治領地。不同州表示各州有不同的規定比方說：交通罰款會有不同。在昆士蘭可以抱無尾熊，但是新州可不行；或者夏令時間與公眾假期也會不同。因此旅程中要特別留意！

澳洲首都不是雪梨，也不是墨爾本

首都位於這兩個城市中間的坎培拉！澳洲當時從英國殖民脫離並建立聯邦共和國時，雪梨和墨爾本兩座大城互相爭奪首都之位，鶴蚌相爭時，最後首都決定建立座落在兩者之間的坎培拉。澳洲是處處講究公平的地方，這裡也是世界上城市化程度最高的國家之一；40 多個城市，分布在不同州和地區。大城市包括了雪梨、墨爾本、布里斯本和伯斯。對比其他大城市，澳洲城市的獨特之處在於它們並不過度擁擠；同樣繁忙但卻不令人感到窒息。以城市形象來說，每個城市都有其顯著得特色。比方說，墨爾本很歐洲也最文藝；雪梨大城市最繁榮，也有最棒工作機會；布里斯本最有活力，成長最快等。

三度分隔理論

六度分隔理論（Six Degrees of Separation）認為世界上任何互不相識的兩人，只需要很少的中間人就能夠建立起聯繫。澳洲，由於人口集中於各大城市，因此對於如布里斯本、坎培拉等城市，當地人都很愛說這邊太小，圈子太小，人跟人應該只有三度分隔，比六度更小。由於大家都很容易認識，所以很容易遇到有共同朋友的新朋友。

除了美麗海灘，還有溫泉

大家都知道澳洲富有來自豐富天然礦產資源，但可能不知道澳洲有天然溫泉。墨爾本地下天然溫泉（Mornington Peninsula）；新州內著名的莫里（Moree）熱礦泉浴更起

源於 1895 年，人們偶然發現了該浴場的水銀水。昆士蘭內陸也有塔拉魯（Talaroo）礦泉浴，是最美麗的自然奇觀之一，有專門建造的地熱浸泡池。另外，還有坐落在昆州北部熱帶地區的 Innot 溫泉，又稱 Nettle Creek Hot Springs。除溫泉外，在各大國家公園內也有很壯觀的瀑布景觀。

澳洲長期以來就被認定是「最適合居住的城市」和「最美麗海灘」所在地，根據澳洲旅遊局統計，假如每天都去一個新的海灘，將需要 27 年才能看完澳洲所有海灘！知名的包括：棕櫚灣（Palm Cove）、拜倫灣（Byron Bay）的華特格斯海灘（Wategos Beach），以及距離雪梨一小時車程的莫納維爾海灘（Mona Vale）、昆士蘭最受歡迎的主海灘（Noosa）；還有許多海灘也獲評選為全世界最佳海灘。

在布里斯本長大的超模米蘭達·克爾（Miranda Kerr）提到澳洲時，曾說過：「澳洲是一個四面環水的島嶼，我成長過程中最美好的回憶就是和家人一起在灌木叢中露營或釣魚，或者去海灘。」敘述了經典的澳洲人嚮往的戶外悠哉生活。

©Tourism and Events Queensland

聯合國教科文組織認證，世界遺產景點

除了雪梨歌劇院、雪梨大橋、大堡礁澳洲地標還有哪些呢？音樂家布萊恩·考克斯（Brian Cox）曾說過：「即使是澳洲人也不知道自己的國家有多美麗」，深以為然。澳洲可是擁有 20 個令人嘆為觀止、認證過的世界遺產景點（年份為入選年），以下列出知名者：

- 昆士蘭大堡礁（Great Barrier Reef，1981）

  世界最大的珊瑚礁系統，擁有獨特多樣性的海洋生態和美麗的水底景觀。

- 昆士蘭濕熱帶地區（Wet Tropics of Queensland，1988）

  是熱帶雨林的代表，充滿了奇異的植物和動物，是自然愛好者的理想之地。

- 雪梨歌劇院（Sydney Opera House，2007）

  宛如一艘白色帆船停在港灣，已是著名地標，更是建築的奇蹟與經典之一。

- 大藍山山脈地區（Greater Blue Mountains Area，2000）

  擁有古老的峽谷、藍山國家公園、瀑布和叢林，被譽為自然奇蹟。

- 皇家展覽館和卡爾頓園林（Carlton Gardens、Royal Exhibition Building，2004）

  位於墨爾本市中心，皇家展覽館是特地為 1880 與 1888 年墨爾本大型國際展覽而設計，風格則融合了拜占庭式、羅馬式、倫巴第式和義大利文藝復興風格；花園更是精心養護，相當清幽。

- 昆士蘭卡麗島（K'gari，1992）

  過去稱為費沙島（Fraser Island），是世界上最大的沙島。移動的沙丘、熱帶雨林和湖泊的結合，塑造出獨特景點。

- 北領地卡卡杜國家公園（Kakadu National Park，1981/1987/1992）

  位於東南部，是地球上最古老的地層之一，也是迷人的地質奇觀，園區結合了原住民文化，還是澳洲第一個列入世界遺產的景點。

- 北領地烏魯魯卡塔曲塔國家公園（Uluru-Kata Tjuta，1987/1994）

  原名為烏魯魯國家公園，以地質

景觀聞名，也是中部廣闊紅砂土平原的主要構造。烏魯魯，曾稱為艾爾斯岩（Ayers Rock）的國際知名景點，是一塊巨大獨石柱，而卡塔曲塔則是穹頂形巨石，在烏魯魯西邊，共同構成了世界上最古老人類社會傳統信仰體系的一部分。

還有下方這些世界文化遺產，它們無不彰顯澳洲景觀的獨特性

威蘭德拉湖區（Willandra Lakes Region，1981）

塔斯馬尼亞荒原（Tasmanian Wilderness，1982／1989）

豪勳爵群島（Lord Howe Island Group，1982）

澳洲岡瓦納雨林（Gondwana Rainforests of Australia，1986／1994）

西澳鯊魚灣（Shark Bay，1991）

澳洲哺乳動物化石地（Australian Fossil Mammal Sites，1994）

赫德島和麥克唐納群島（Heard and McDonald Islands，1997）

麥夸里島（Macquarie Island，1997）

波奴魯魯國家公園（Purnululu National Park，2003）

澳洲監獄遺址（Australian Convict Sites，2010）

澳洲西部寧格羅海岸（Ningaloo Coast，2011）

布吉必姆文化景觀（Budj Bim Cultural Landscape，2019）……

時差、夏季日光節約時間

澳洲時區組成較為複雜，因各州時間由州政府或居民公投決定。全國時區介於 UTC+8 至 UTC+10（夏令時期間為 UTC+11）之間。每年 10 月至隔年 4 月間，是夏季日光節約時間（Day Light Savings）；同一經度上的地區會出現不同地方時間，在澳洲旅行時，需要特別留意不同城市會有不同時差。

此外，昆州及北領地不需要調整夏日節約時間！因此，昆州與台灣時差為兩個小時，統一使用東部標準時間。在亞洲與澳洲往返之間，時差短很容易調適。

也由於澳洲時間比其他國家快，所以往往都是第一個迎接跨年到來的國家之一。很喜歡美國漫畫家查爾斯 · 舒爾茨（Charles M. Schulz）曾說過一句名言：「不用擔心今天世界末日即將到來，因為澳洲已經是明天了。」（Don't worry about the world coming to an end today. It is already tomorrow in Australia.）

國寶無尾熊與朋友們

澳洲擁有一些世界上獨一無二的原生動物植物。無尾熊又稱考拉（Koala），名符其實的經典象徵代表，而且無尾熊不是熊，不是哺乳動物是有袋動物喔！所以千萬不能叫 Koala bear ！無尾熊寶寶暱稱為 Joeys。以澳洲獨有尤加利樹（桉樹，Eucalyptus）樹葉為主食，懶散自在的生活方式更是經典澳洲態度。很多遊客來澳洲都想抱無尾熊，但每州規定不同。澳洲各地都有機會看到無尾熊，昆士蘭是少數允許可以抱無尾熊的其中一州。隨著無尾熊越來越稀少，為保護無尾熊，南半球最大，位在布里斯本的龍柏無尾熊公園剛宣布「不再允許遊客抱無尾熊」，但近距離碰觸還是可以的。

「棲息地喪失」是無尾熊面臨的最大威脅，2012 年列為「易危物種」，粗估澳洲目前僅存 3 至 6 萬隻無尾

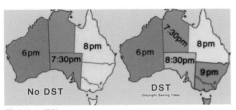

圖片摘自網路

熊。只有昆州、新州、維州和南澳能在野外發現無尾熊。造成這種情況主要原因是土地清理、叢林大火和按樹疾病；澳洲無尾熊基金會也呼籲可認養捐款來保育無尾熊。

近年來澳洲開始遠離無尾熊時代，在宣傳行銷澳洲時，不會強調或是凸顯給人既定印象的澳洲象徵：無尾熊或袋鼠，畢竟萬一哪天，當無尾熊瀕臨絕種，見不到了怎麼辦？

荒誕傳說

順帶一提，澳洲有名的民間故事「落熊」（Drop Bear）不是真的！落熊是以無尾熊為靈感的掠食性肉食版本，出處不明的傳說。它最初是講給孩子們聽的恐怖故事，演變至今成為嚇唬遊客的荒誕故事。落熊這個想像的角色經常被提及，愚人節甚至還登上澳洲博物館網頁，讓很多人誤信以為真。

袋鼠也是澳洲獨有，跳躍方式還大型長尾巴。有不同類型如紅袋鼠、灰袋鼠和樹袋鼠，有可愛的小袋鼠也有超級高壯的大袋鼠。瀕臨絕種

的還有兔袋狸（Bilby）、卡西島的金刺尾鸚鵡，理由也是因為失去棲息地、環境變化和引入外來物種而面臨威脅；長足袋鼠（Long-footed Potoroo）、山袋貂（Mountain Pygmy-possum）、王吸蜜鳥（Regent Honeyeater）等也是珍稀動物。鴨嘴獸也是澳洲奇異可愛的獨有物，具有鴨嘴、鴨腳和毛茸茸身體。澳洲也擁有許多獨特鳥類如有豐富多彩羽毛的玫瑰鸚鵡（Eastern Rosella）和

垃圾鳥
（Australian White Ibis）

澳洲白鸚又稱為 Bin Chicken，是鸚科涉水鳥類，很常見；羽毛以白色為主，黑頭、長而下彎的喙，黑色的腿。重點是，在海邊與公園完全不怕人超愛搶奪食物要小心！但不可以傷害牠們，因為會被罰款！也因為太有特色了，所以布里斯本藝術家還特別做了一系列「垃圾鳥出沒在城市各地」的裝置藝術，比如市政府大樓，可以找找看！另外也要小心澳洲喜鵲（Magpie），黑白雀形目鳥。在春天，公鳥易怒，會有非接觸式猛撲，甚至啄食、俯衝轟炸或對人進行正面攻擊等行為。

垃圾鳥街頭屋頂藝術（Sethius Art）
網 https://www.sethius.art/binny

笑聲獨特的笑翠鳥（Kookaburra）等。

植物花草也與眾不同。由於氣侯獨特，澳洲內陸和沿海截然不同的地理環境，滋養了約兩萬四千多種植物孕育出許多特殊品種。比方說無尾熊的衣食父母尤加利樹，又稱桉樹，是澳洲景觀很大一部分，獨特的清新香氣也被提煉成為精油或藥妝。一整片黃色的金合歡花（wattle）是澳洲國花，別名「相思樹屬」花語為「稍縱即逝的快樂」或「祕密的愛」，每年九月一日被定為澳洲的金合歡樹日（Wattle Day）。

另外還有如庫拉松（Kangaroo Paw），因花朵形狀獨特，呈現出類似袋鼠爪子的外觀，通常有鮮豔顏色如紅、橙、黃等。在冬天跨越春天之際會看到豔麗大紅或是粉紅色的紅火球帝王花（Waratah，又稱珊瑚花）；也是新州的州花。另外，還有在畫作上時常會看到的波羅娜（Banksia），帶有堅硬的果實與數木形狀。形狀很可愛的瓶子樹，也是澳洲原生。

其實真正的澳洲原住民應包括牠們！因為這些珍奇國寶，讓澳洲生態更像聚寶盆值得觀賞與保護。

拯救無尾熊（Save the Koala）
網 https://www.savethekoala.com/donate/

澳洲奧運，運動大國

運動體育在澳洲來說是生活也是大事！澳洲對運動充滿熱情，而且各種運動都各有熱衷，更曾多次主辦過大型運動會，包括數屆的英聯邦運動會（Commonwealth Games），也曾主辦過兩屆夏季奧運；墨爾本主辦1956 年夏季奧運會，還是歐洲和北

澳洲勳章（Order of Australia）

澳洲勳章是一項榮譽，旨在表彰澳洲公民和其他取得傑出成就和服務的人士；獲得勳章的人士，會在名字後加上代表的勳章等級殊榮。

勳章的任命有五個等級（從高階開始）：

Medal of the Order of Australia 澳洲勳章（OAM —無限名額）

Member of the Order of Australia 澳洲勳章會員（AM —每年 605 名額）

Officer of the Order of Australia 澳洲軍官勳章（AO —每年 140 名額）

Companion of the Order of Australia 澳洲同伴勳章（AC —每年 35 名額）

MBE 則是 Member of the Order of the British Empire 大英帝國勳章成員。

美以外第一個舉辦奧運的國家，很是光榮！而且當年的佳績，也是澳洲歷史以來最佳成績，世界第三。

2000 年雪梨奧運更是一場成功的盛會，超過 200 個國家參與，澳洲選手拿下 58 面獎牌。布里斯本，也正在籌備接下來 2032 年奧運與殘障奧運，很令人期待。澳洲和希臘，更是僅有兩個參加過現代每屆夏季奧運的國家。

除奧運，也有各種大小型國際賽事。就算沒來過澳洲可能也曾守在電視機前收看澳網，一年一度的澳洲網球公開賽每年都有知名選手前來參賽。疫情期間鎖國時，當時九屆澳網冠軍喬科維奇（Novak Djokovic）事件鬧得沸沸揚揚；因拒絕接種 COVID-19 冠狀病毒疫苗，在比賽前遭拘留並驅逐出境。喬科維奇原本遭禁止入境 3 年，但澳洲之後取消旅客出示疫苗接種證明的規定，他 2023 再度征戰澳網，便拿下第十屆澳網冠軍。

澳洲也有很有名的選手包括網球界的傳奇人物瑪格麗特・考特（Margaret Court AC MBE）是有史以來第一位完成大滿貫的女子單打選手，而且她獲得的 24 個女單大滿貫冠軍和總共 64 個大滿貫冠軍，是網球歷史上最多的。昆士蘭出生的澳

洲網球巨星艾希莉·巴蒂（Ashleigh Barty AO）則是近年的焦點，是第二位獲女子網球協會評為單打世界第一的澳洲網球運動員；更是三屆大滿貫單打冠軍，大滿貫雙打冠軍。

澳洲本地最重要的橄欖球賽，不同球隊不同規則，不懂的會看得霧煞煞。英聯邦國家裡稱踢球類為Football；其實區分這些球賽主要是以規則來決定，而不是以球型來做分別。因為通通都是用腳踢的，但踢球稱為 Football 或 Soccer，抱球稱為 Rugby。澳洲足球（Australian Football）用的是橄欖球，因此跟歐美的足球（Soccer）不一樣。

澳洲橄欖球有幾個綽號，包括 Aussie rules、football 和 footy；澳洲全國足球聯賽（Australian Football League，AFL）則源自維州。另一個國民運動是板球，有深厚歷史和大量球迷。籃球，女籃及籃網球也很盛行。

澳洲的自然環境也為各種極限運動提供了理想場地，如衝浪、滑板、鐵人賽和攀岩等；也有國際環球帆船賽及南半球最大的船舶展（superyacht）。當然也有許多馬拉松賽事，包括了黃金海岸國際馬拉松（Gold Coast Airport Marathon）、布里斯本馬拉松（Brisbane Marathon）橋到布里斯本長跑活動（Bridge to Brisbane）與雪梨馬拉松（Sydney Marathon）等；近來時興的 Colour Run 或是夜晚螢光路跑也都有。

黃金海岸每年也舉辦 Gold Coast Open 衝浪比賽。每年的澳洲衝浪救生錦標賽（The Aussies）都會有來自澳洲各地，共 314 個衝浪俱樂部的會員齊聚一堂競賽，僅與英聯邦運動會等同類型賽事相比，是同類型賽事中規模最大的。

一年一度的澳洲大獎賽車賽事

（Australian Grand Prix），合約目前
至 2035 年。大獎賽是澳洲現存最古
老的賽車運動賽事之一，現在都在墨
爾本舉辦。另一個盛會是最著名的
賽馬賭馬活動（Melbourne Cup），
通常於每年 11 月的第一個星期二舉
行。賽事始於 1861 年，是澳洲最古
老且最具聲望的賽馬比賽之一，也是
全球賽馬迷矚目的焦點之一。每年大
家都會盛裝打扮，參與相關的慶祝活
動。很多澳洲人也擁有自己的馬匹，
也有馬匹拍賣會，在澳洲學習騎馬也
很尋常。

　　澳洲有許多風景幽靜，具有規模
的高爾夫球場與練習場。打高爾夫
球相對便宜，因此也培育了許多國
際知名的高爾夫球選手；台灣選手
曾雅妮也曾來澳洲遊學學高爾夫。
根據澳洲高爾夫球（Australia Golf）
紀錄，澳洲有 16 名高爾夫球手共獲
得了 30 次大滿貫冠軍。台裔陳怡均
（Celine Chen）也獲得西澳 2022 年
度最佳青少年高爾夫球選手，以及
15 至 17 歲女子最佳平均桿數兩項殊
榮。澳洲知名高球賽事包括澳洲公開
賽（Australia Open）與澳洲名人賽

（Australian Masters）等。

　　棒球在澳洲雖然沒有那麼盛行，
但仍不阻擋台灣選手前來加入澳洲職
棒。台灣知名棒球手胡金龍、陽岱
鋼、林子偉、林智勝都來比賽過！

　　體育是澳洲文化的重要一部分。前
總理霍華德也強調過：「體育在澳洲
人心中占有非常特殊的地位，是澳洲
生活方式的支柱之一。除非了解澳洲

人對運動的熱愛，否則就無法真正了解是什麼讓這個國家運作起來。」不愛運動，生活也要會講、會看運動，不然在澳洲不好混啦！

澳洲旅遊，注意事項

傳奇名廚安東尼波登（Anthony Bourdain）去過許多國家，形容澳洲不是適合膽小者的目的地（Australia is not a destination for the faint-hearted）。澳洲的確有不少能致命的危險野生動物，比方說超毒的紅背蜘蛛、蛇、鱷魚、鯊魚、蜜蜂等，遭這邊的黑蚊與螞蟻叮咬也很麻煩。全世界最毒的蛇有 25 種，其中 21 種在澳洲可見。不敢相信的是，有 1,500 種蜘蛛和 4,000 種螞蟻，但好在 1979 年起，就沒有人被蜘蛛咬到而致死。

在熱帶雨林走路時，也有機會遇到水蛭或昆蟲。最重要的是，幸好平常旅行不太會遇到這些可怕的爬蟲動物。比較擾人的是，澳洲的確是有很多蒼蠅或是果蠅，天氣炎熱時坐在戶外也比較容易引來蒼蠅。萬一，真的被不明動物咬到，嚴重紅腫的話都盡

快就醫避免任何突然惡化的情況。

來澳洲不能不去享有盛名的海灘。然而，請務必在有人巡邏的海灘的旗幟之間游泳，這不是法規但強烈推薦！因救生員已確定這是當天海灘上最安全的區域。海灘外圍也會有指標，加上海灘上的旗幟不僅每天都會變化，告知海灘狀況，而且全天都會變化。澳洲會有難以預測的強烈水流，或有鯊魚出沒，因此務必在安全距離之間，最好也在有救生員巡邏的海灘游泳。

錢財不露白

澳洲人沒有拿大鈔的習慣，所以看到澳幣百元大鈔甚至五十元都會很驚訝，所以不要攜帶大筆現金。尤其疫情過後，許多地方只允許刷卡。在澳洲，公共場所最好保持安靜，儘量不要製造噪音。在公車上打電話、與朋友嬉戲打鬧等行為是非常失禮的行為，嚴重影響其他民眾。在樓下或者隔著門喊人也是非常無禮的行為！而且在公共場合大聲講中文也不是很禮貌。大部分餐廳是允許拍照，但不確定時也可以詢問一下以示尊重。雖然沒有法規強制規定，但是最好不要隨意拍攝孩童或是學生的照片。

注意菸酒規範

在公共場所飲酒，包括道路、公園海灘等公共場所是違法的。而且不管幾歲，如被發現在公共場所飲酒，可能會被罰款或必須出庭。18 歲以下未成年人在公共場所持有或飲酒也是違法的，在澳洲千萬不能勸未成年喝酒！

有些標註稱為無酒精區或禁酒區也不能飲酒。所有封閉公共區域和某些室外公共區域，均禁止吸菸和使用

電子菸；非住宅建築入口 5 公尺範圍內禁止吸菸。不同州會有不同罰款金額；所有州在封閉的公共場所吸菸都是違法的，包括公共交通工具、辦公大樓、購物廣場。當有未成年人與您同車時吸菸也是違法的，但具體處罰（和年齡限制）因州而異。

隨身攜帶身分證件或是護照

有些場所需要某種形式的身分證明才能進入，例如俱樂部、酒吧等地。在昆士蘭，午夜後若想去有銷售酒的場所（18 歲是合法飲酒的最低年齡），晚上 10 點起就強制規定需要掃描每位顧客的身分證明（ID）才可入場。全澳洲酒類銷售或服務必須在凌晨 2 點停止，但「安全夜間區」除外，酒類可以供應到凌晨 3 點。

　　全球大多大都市地區的青少年犯罪率正以驚人速度上升，澳洲亦然；因此也增加搶劫、傷害或是吸毒等案件。不過澳洲大致上是相當安全的國家，但無論去任何一個不熟悉地方，規定幾乎都相同，出國更需要保持警覺、注意安全，別和澳洲人起衝突，也別落單在偏遠黑暗的地方。遇到青年找麻煩，快速離開，或是遇到犯罪事件務必報案求助警察。

2
多元文化的澳洲

澳洲原住民（Indigenous Australians）是世界上最古老的文明，6萬5千多年前就生活在澳洲，也包含托雷斯海峽島民的總稱。至於英文Aborigines指的是澳洲大陸、塔斯馬尼亞島，以及其他一些臨近島嶼的原住民。在1788年至1868年的八十年期間，英國才轉向澳洲送囚，也開始在澳洲的殖民，同時協助開墾澳洲大陸。1901年1月1日，各殖民區改制為州，組成澳洲聯邦，成為大英帝國的聯邦，歸類為君主立憲制國家。

不過，原住民卻在有些州被剝奪投票權，經歷許多不公平的對待。1909年實行「同化政策」也是所謂的「失竊的一代」（Stolen Generations），讓數萬名澳洲原住民孩童被迫帶離父母身邊，永久寄養於白人家庭或政府機構「白化」。1967年5月舉行了全民公投，近91%的澳洲人投票支持修改憲法，表示原住民將被視為是人口的一部分，並承認為平等公民，而英聯邦將能夠代表他們制定法律。但接下來數年的公投，卻又否決掉原先的擬議，總理甚至三度向澳洲原住民表示歉意。或許，大部分的澳洲人在某種程度上，是把原住民認定為澳洲人，但這需要設立「原住民諮詢機構」並寫入憲法的提案。

> ## Welcome to the country
> ### 歡迎來到國土 — 開幕致意詞
> I'd like to begin by acknowledging the Traditional Owners of the land on which we meet today. I would also like to pay my respects to Elders past and present.
> 首先，我要向我們今天給予的這片土地的原始所有者表達感謝，我還要向過去和現在的長輩致敬。

此外，為表示澳洲對原住民的認定，尊重並承認原住民和托雷斯海

峽島民的歷史、文化和土地權利；2010 年，聯邦議會將會議開幕時的「致謝國家」作為一項永久特色。如今，以主禱文和致謝詞開始議會已成為官方禮節。20 世紀後期，此舉逐漸成為了澳洲社會的一個重要文化標誌。因此在正式活動例如政府活動、學校課程、企業活動和公共活動等演出，都會先聽到這段開場致詞。加拿大、美國、紐西蘭也有類似做法。

至於「誰才是澳洲人呢？」有趣的是，澳洲有英國人、原住民、歐洲人、美國人、亞裔，為世界上移民人口最多的國家之一。每年約有 20 萬人移民到澳洲尋求富裕繁榮、政治自由和高生活水準。如今，澳洲擁有近 1000 萬移民，近三成的人口由移民組成，這一比例比世界上任何其他大國都高。澳洲統計局的資料顯示，目前澳洲公民出生地與百分比，主要包括了南非 73.8％、澳洲 71.7％、斯里蘭卡 71％、菲律賓 68.5％、英格蘭 65.9％、印度 64.4％、越南 60.6％、伊拉克 55.4％、馬來西亞 39.3％與中國 36.5％。南非出生的澳洲人數，還多過澳洲出生的澳洲人；澳洲更是希臘以外，希臘人口最多的國家。澳洲就是多元文化的社會，幾乎有一半的澳洲人父母出生於海外，超過四分之一澳洲人不是在本地出生。這多元文化成就，歸功於 300 多個不同血統的貢獻，也就是從最早的澳洲人到新移民。

華人移民則是追溯到 1850 年代，從淘金熱潮與建蓋澳洲鐵路期間。澳洲第一位華人是黃金時代的開拓者，廣州人 Mak Sai Ying（音譯麥世英），又被稱為 John Shying。他於 1818 年初抵達雪梨，曾擔任擔任木匠，後來

獲得了帕拉馬塔（Parramatta）金獅酒店（The Golden Lion Hotel）的經營許可。

華人移民定居新南威爾斯州有著悠久的歷史，為後來的華人移民建立了重要的歷史基石。但 1901 年至 1973 年間澳大利亞聯邦政府實行白澳政策（White Australia Policy），反對亞洲移民的種族主義政策，相當歧視亞洲人，只許白人移民流入。直到 1973 年，澳洲工黨正式取消了白澳政策。在那之後，約 1990 年左右有一波台灣移民到布里斯本，近年來澳洲華人社群也逐漸擴大，並開始有華裔人士加入主流政商界的行列。韓國移民也增加不少。根據澳洲人口普查，澳洲華裔包括出生於中國大陸、香港與台灣人，占澳大利亞總人口中約 5.5％以上，約 130 萬人。大多數的華人集中居住在澳洲東岸大城市，包括雪梨墨爾本與布里斯本。

澳洲＝機會

其實澳洲也算是包容性很強的國家，因為澳洲也代表著機會。澳洲人因為開放的態度，廣納海外學生、移民也接受難民。除了造就了澳洲人才優勢與經濟成長外，也讓澳洲轉型。澳洲政府也給予了這些外來移居者許多創造機會的可能，因為大多數申請庇護的難民，其生命和安全受到祖國戰爭、暴力或侵犯人權的行為威脅而前來尋求庇護，有時候這些難民在澳洲甚至有機會成功致富！比方說，我的朋友一家是以越南難民身分來到澳洲，小孩子有機會接受教育後，現在長大了，也成為了澳洲年輕富豪榜之一。類似這樣的幸福難民故事，在澳洲的確不勝枚舉。移民來到澳洲也有對於各自國家安全性，或是教育、生活品質等種種考量；只要來到澳洲，就有改變生活的機會！

澳洲有沒有歧視？

澳洲有沒有歧視？個人覺得說沒有是騙人的。澳洲將一年一度的消除種族歧視國際日更名為「和諧日」（Harmony Day），以彰顯澳洲的多元文化包容與和諧。因為澳洲的多元文化，因此澳洲人很矛盾也時而迷惘，這源自英國後裔，的確會不經意透露的種族優越感。

澳洲大城市裡面的人有時都會諷刺的稱鄉下地方的人為 Bogan，而且有著強烈的民族主義的右翼意識形態仍然存在澳洲社會。此外，移民的後代則是在文化衝突之中不斷地重新定義自己摸索出自己舒服的方式。

由於文化不同，加上亞洲人在自我表現方面沒有澳洲或是西方人來的自誇或展現自信，所以對比之下，在工作機會上的確較無優勢。過去稱女性在工作上不容易突破，叫「玻璃天花板」（Glass Ceiling），而亞洲人在外國人地方不能突破，則稱為「竹林天花板」（Bamboo Ceiling），特別是在晉升到高層管理和領導職位之際，刻板印象和種族主義就容易出現。相比之下，在澳洲大城市因為人口多，接受與包容度也高，反而比較不會感到不平等的落差。

更多的還有對不同民族理解與包容不夠，進而形成的既定印象。比方說：「原住民＝很懶＝只靠福利金工作」，但其實有許多優秀傑出的原住民。

再者，在白澳政策之前，澳洲人就已不滿亞裔人士拉低了工資水平。

一直到現在，也有許多亞裔人士時常被抓到逃稅，或是少付工資的狀況，導致加深負面既定印象。此外，後期的亞洲移民，由於商業移民條件規定下，平均經濟條件都相對優渥，加上又有存錢習慣，所以在澳洲消費花錢都更為豪爽。所以澳洲人也對亞洲人感到害怕，害怕亞洲人太有錢可以置產，進而導致以後澳洲年輕人買不起房子。

全球化加速移民持續成長，更多的海外遊客與學生來到澳洲，澳洲人也更懂得到海外旅行，並擁有雙語能力，具嘗新與冒險精神。種族差異的確深植於當代澳洲的文化景觀，也是歷史的核心部分。然而，寬容和理

解、改變的意願、接納和珍惜差異也是創造力和成長的來源。

前總理霍華德也表示：「我非常反對將公民分類，我們是一個民族、一個國家、共享歷史和未來。」澳洲是一個多元文化的國家，因此來到澳洲，請學著尊重當地文化，比方說不要高聲交談，不要不遵守交通規則等。從尊重與理解開始，從自己開始去融合入這個多元文化，才是真正的澳洲精神。

澳洲國慶日

每年 1 月 26 日為官方訂定的澳洲國慶日。1800 年代初，新州政治家和商人舉辦私人晚宴慶祝這被稱為「建國日」的日子，但其實關於「澳洲國慶日」的辯論很早就開始了。直到 1935 年，1 月 26 日才正式被定為澳洲國慶日，但 1938 年，原住民卻又宣布 1 月 26 日為「哀悼日」或「幸存日」，所以對於「國慶日」與「入侵日」一直有多方爭議。

有部分人認為，這樣舉國歡慶的日子對家園被侵占的澳洲原住民（Aboriginals）與托雷斯海峽島民（Torres Strait Islanders）來 說，十分不值得慶祝。獨立市場調研公司羅伊摩根（Roy Morgan）公布了澳洲民眾對國慶日的看法調查，結果發現，超過三分之二的澳洲人都認同 1 月 26 日是澳洲國慶日，並希望在這一天慶祝，顯示多數澳人還是認為國慶日仍應保留在 1 月 26 日。儘管爭議不斷，但大部分當地民眾還是願予以支持。

然而，每年 1 月 26 日這天，仍有許多人透過 BBQ 烤肉，或是去海灘旅行來慶祝這個日子，這也是移民獲得澳洲公民身分的熱門日期。最奇妙

的是，居然還有活動用蟑螂大賽來慶祝國慶日。這是 1982 年在布里斯本故事橋酒店開始，選在澳大利亞國慶日舉辦的「澳洲國慶蟑螂賽跑」（Australia Day Cockroach Races）活動。這蟑螂大賽可不是隨便辦辦，會收入場費，每年的冠軍蟑螂還會被列入名人堂。比賽是在圓形跑道上進行，蟑螂從中間的一個倒置的桶子中釋放出來，最先到達邊緣的就是勝利者。比賽當天也有熱鬧的啤酒美食助陣，活動收益則是捐給慈善機構。或許是蟑螂比賽太有趣，因此現在這類型比賽甚至傳播到世界許多地方，如美國。

「蟑螂賽跑」請參考：https://www.cockroachraces.com.au
布里斯本歷屆比賽資訊：https://www.storybridgehotel.com.au/about/the-cockroach-races/

致敬原住民，多了原住名

澳洲原住民是大陸上最早的居民，在這片土地生活數萬年並擁有豐富文化、傳統和語言。使用原住民地名可以幫助保留和傳承這些文化遺產，同時也提醒人們澳洲歷史，並尊重土著文化。使用原住民地名更是對土地的敬意，也更能反應對該地區的理解與感受及歷史文化意義。

雙重命名是指某個地點或地理特徵，以原住民名稱與該地點官方英文名稱並列。認同尊重原住民，數萬年來對澳洲大陸的守護作用，突出了具有文化意義的地區。早在 1993 年，北領地就是第一個官方雙重命名的地標也註冊了， 2002 年澳洲政府更改了大石頭的名稱順序：烏魯魯／艾爾斯岩（Uluru ／ Ayers Rock）與烏魯魯─卡塔丘塔國家公園（Uluru-Kata Tjuta National Park）；即先使用原住民名稱，再加上原本的英文名稱。2022 年來澳洲旅遊局鼓勵各主要城市和旅遊熱點開始使用雙重命名，英文再加上原住民名稱。因此，你會時常看到布里斯本在當地原住民語言中被稱為 Meanjin。不過，目前政府倒是沒有要修改城市名稱，所以 2032 年的奧運還會是眾所週知的 Brisbane 2032。

許多觀光景點也跟著正名，如世界上最大的兩個沙島也是列入世界遺產名錄的卡麗島（K'gari），以前稱為費沙島，已在 2023 年更名完成。K'gari 的意思是「天堂」，這個島和布楚拉人（Butchulla）創造島嶼

有關，是世代相傳的故事。另外一個沙島，北斯特德布魯克島也稱為 Minjerribah。

新南威爾斯州 Blue Mountains 藍山也申請加上 Gulu-mada。布里斯本州立博物館也在名稱後面加入座落地點的原住民名稱，現改為 Queensland Museum Kurilpa。澳洲托雷斯海峽島民的廚師諾尼‧貝羅（Nornie Bero），在她創辦的 Mabu Mabu（托雷斯海峽梅的里亞姆語，意思為 Bon Appetit ＝開動吧！自己來）美食公司旗下，位於墨爾本聯邦廣場餐廳 Big Esso（母語為最大的感謝）中，也特別包含了所有原住民菜餚詞彙。

類似的雙重命名，將會越來越常在觀光景點上看到。了解以後，看到或前往目的地時，也就不會感到迷惑，畢竟連許多澳洲人都不認識這些名稱呢！

此外，除了新的命名，澳洲旅遊局「發現原住民體驗」（Discover Aboriginal Experiences）也為計劃旅行的文化愛好者、探險家、美食家和自然愛好者推廣頂級原住民旅遊體驗。各地（而不僅僅是內陸地區）有超過 185 種出色的原住民導遊體驗可供探索，讓大家有機會親自去聽聽感受有意思的原住民故事。

城市原住民名稱

城 市	原住民名稱	參考發音
布里斯本 Brisbane	Meeanjin	mee-an-jin 米安金
雪梨 Sydney	Warrane	wah-rang 瓦人
墨爾本 Melbourne	Narrm	narr-m 拿姆
柏斯 Perth	Boorloo	boor-loo 柏魯
阿德萊德 Adelaide	Tarntanya	tarn-dan-ya 譚但亞
霍巴特 Hobart	nipaluna（n 要小寫）	nipah-loonah 尼帕路南
凱恩斯 Cairns	Gimuy	gim-ooy 金巫依

3

澳洲語言，最重要的俚語要學上口

澳洲官方語言為英文，第二大語言主要是中文。隨著華裔移民增加，以及與亞洲商業往來，中文在澳洲的使用和學習呈現上升趨勢。許多澳洲人也會讓人驚訝，因為他們中文也說得非常流利，甚至有澳洲朋友連台語都聽得懂。因此遊客們，可別隨便在澳洲人面前使用不雅的中文言語。澳洲使用超過 300 種不同語言與方言，包括 45 種原住民語言。其他常用的第二語言包括義大利語、希臘語、阿拉伯語等，這也反映了多元文化的特點。

澳洲英文發音

澳洲英語口語比較接近英語，跟台灣熟悉的美語不同，來澳洲時必須要適應一下澳洲口音。澳洲也沒有所謂 KK 音標。為了解發音的不同，我個人在大學時，也曾特地參加過發音矯正研討會。當時，我的老師指出亞洲人通常比較不發子音（consonant），

所以有時候亞洲人發音、講話感覺會像把字不清楚的連在一起唸，所以講太快也會讓澳洲人也聽不懂。

澳洲英文更是有自己的拼法。澳洲人喜歡傳統拼寫，近四分之三（73％）的人表示他們不喜歡當今語言中使用的美式拼寫方式，例如會用 Z 替換 S（如 organize 中的 s），所以在澳洲會用 organise、specialise、colour 這樣的傳統拼字。

來到澳洲看到不同，不是拼錯喔！只是習慣用法不同。這也再次證明，生活不見得都是對與錯，總有灰色地帶；不同地區、不同的角度，也有不同的理解啊！

澳洲火星文，獨有俚語

除了口音不同，澳洲人很愛用俚語（Slang）。澳洲俚語很多跟我們熟悉的單詞都不一樣，拼法也不一樣。這和亞洲成語、順口溜可不一樣。澳洲人有著慵懶天性，所以可以簡短的詞就不會多說，什麼都愛用簡稱，會把很多用詞都縮短。沒有常用或長住澳洲，一時之間很容易鴨子聽雷，聽攏嘸！

墨爾本迪肯大學澳洲研究講師 Tanja Luckins 博士認為：「澳洲人往往不想把事情正規化，這種語言顯示了我們的隨意性。」。McCrindle 報告中也指出，澳洲人對自創的短語感到非常自豪。九成澳洲人對 down under ＝澳洲、no worries ＝無憂無慮、true blue ＝忠誠、忠實，以及 g'day mate 等縮短用詞持有正面態

度。澳洲俚語被很多人形容，其概念大概跟網路火星文差不多；但從一開始的霧剎剎到熟悉之後，會發現，其實用起來更簡單容易，也很有趣。

除了常見的問候，G'Day 就是 Good day

在澳洲其實很少聽到 How are you? I am fine，thank you。通常澳洲人只問 how are you，比較常就只回答 good, thanks。

最愛講 No Worries 沒關係

因為澳洲人也是什麼都沒關係，放

輕鬆的人生態度。Don't worry about it 沒關係，也可説成 no dramas 沒有戲、沒有問題。

想説聲謝謝，比較休閒方式就用 Ta

回覆 thank you 時也比較常用 no worries 而不是 your welcome。

澳大利亞我們簡稱為澳洲、Australia 又可簡短為 Oz 或是 Straya。澳洲人不僅僅是 Australian 也是 Aussie。澳式也是 Aussie；澳洲每個地方都有別名。

布里斯本被當地人稱為 Brisvegas

這是結合半個布里斯本與拉斯維加斯的諧音！昆士蘭班達伯格區（Bundaberg）簡稱 Bundy；Bush 統稱 Outback 是郊外內陸之意。

昆州人因盛產香蕉被稱 Banana Benders 香蕉佬

或者是另一個是繁殖過剩的蟾蜍 Cane Toad。當然，叫香蕉佬還是親切多了。

新州人常被稱為 Cockroaches 蟑螂、西澳人是 Sand Gropers、南澳人

Crow Eaters，而塔斯馬尼亞島人則被稱為 apple eaters 等。所以一到昆州與新州州際橄欖球賽對打時，就變成了蟾蜍與蟑螂之對決。在巴士、公車上看到爬滿了蟑螂與蟾蜍貼紙，不要嚇到唷！

筆名「香蕉芭比」的由來

出版第一本書時，自稱「香蕉芭比」可是大有典故！以前大家都會笑稱從昆士蘭布里斯本（Brisbane）來的人叫做 Banana Benders！當地澳洲人應該都聽過這樣的叫法，陽光海岸很有名的啤酒吧也用了這個名稱。Banana Benders 中文翻譯為「香蕉佬」，因為昆士蘭給人就是農業區和香蕉盛產的地方。但是對於夢幻的我來説，當然想要走可愛浪漫一點的風格！所以「佬」這個字可不合適！於是，我想到了當地熱愛的烤肉活動（Barbeque，BBQ），加上大家又常稱 Barbeque 為 Barbee ／ Barbie，也會馬上聯想到漂亮的芭比娃娃，所以愛麗絲、我也就是昆士蘭的「香蕉芭比」囉！

　　除了縮短的火星文外，也有因為當地和英國文化相關，英文用法不同於美式用法，就和中文「馬鈴薯＝土豆」、「番茄＝西紅柿」的道理一樣。所以，澳洲馬鈴薯除了 potato 又稱 spud，而這邊的番茄醬 ketchup 直接稱為 tomato sauce。澳洲對於好鄰居紐西蘭人們，一律統稱為 Kiwi，也就是用當地盛產、好辨認的奇異果來表示。以下是美食相關俚語和常用語的整理：

美食俚語

英文／中文	澳洲俚語	情境
Avocado ／酪梨	arvo	avo 通常是 avocado 酪梨（牛油果）的簡稱；澳洲人早餐最常點的便是酪梨吐司 Avo on the toast。 有時 avo 跟 arvo（Afternoon ／下午）會搞混。 英文 O 或 ie 常被澳洲用來縮短拼音，比方說垃圾 garbage 會簡寫為 garbo。
Barbeque ／烤肉	barbee barbie	唸起來像「芭比」；烤肉常用的香腸則稱為 Snag
Biscuit（cookie or cracker）／餅乾	bikkie	I love my bikkies 我喜歡我的餅乾。改成 Kie 讓尾音變得更可愛
Breakfast ／早餐	Breakky Brekkie	Eating my breakky 吃我的早餐 Cuppa 則是指一杯茶
Chicken ／雞	chooks	菜單上可能會看到 Free range chooks，又指走地雞或放山雞
Chewing gum ／口香糖	chewie chewy	You have some chewie? 你有口香糖嗎？
Cold storage ／保冷箱	esky	Don't forget to bring your esky to the beach. 去海灘別忘了帶上你的保冷箱

英文／中文	澳洲俚語	情境
Dinner ／晚餐	tea	很多澳洲人也會把晚餐稱為 tea，特別吧！
french fries ／薯條	Chips hot chips	不是簡稱 fries；澳洲常常薯條、薯片分不清，有時薯條又稱為 hot chips
Food ／食物	tucker	比方說，原住民食物會稱為 Bush Tucker 叢林食物。
Sandwich ／三明治	Sanger Sanga	Having sanger for lunch. 午餐吃三明治。澳洲三明治裡，常見酪梨、甜菜（是的！非常澳洲風味）、紅蘿蔔、豆芽、番茄和生菜或嫩菠菜
shrimp ／蝦	prawns	澳洲人比較常用 prawns，比方說老虎大蝦稱為 Tiger Prawn。Shrimp 比較常用來稱為小龍蝦，例如澳洲人會說：throw a shrimp on the barbie，表示要烤蝦。而稱別人為傻瓜或混蛋也會用，例如 He's a bit of a prawn. 此外，Galah 也是稱笨人的另一個俚語
Vegetable ／蔬菜	veggie	縮寫的聽起來就是比較可愛！
well done ／很棒、牛排全熟	well done	How do you want the steak? Well done. 你想要牛排幾分熟，全熟。另外，澳洲稱讚人表現好時也會說 good on ya 或是用 fair dinkum 來形容太好了。
McDonalds ／麥當勞	Macca's	連墨爾本的麥當勞招牌與 APP 都大搖大擺改為 Macca's
Burger King ／漢堡王	Hungry Jacks	早年因商標問題在澳洲全面改名為「飢餓傑克」

澳洲俚語／中文	實際上
Damper ／硬麵包	澳洲傳統原住民喜歡的水混麵粉做成的硬麵包。
Pot ／小杯啤酒	大約是 285 ml
Schoone ／大杯啤酒	大約是 425ml

時尚、生活用語

到了澳洲肯定也要去海邊走走，準備泳衣是到底是 swimsuits、bathers 還是 togs 呢？反正通通都可以，但 togs 最流通。太陽眼鏡在這邊又稱為 Sunnie；夾腳拖不叫 flip flop，而是 thongs。現在很流行的衛衣、長 T 恤，從頭上直接套穿的衣物，通通可稱為 jumper。

想追澳洲流行，可來件昆士蘭經典「獵騎風衣」Driza-Bone，戴 Akubra 牛仔帽並穿上 ugg 羊毛靴。不舒服需要買藥的話，除了 Pharmacy，澳洲的藥局更常是用 Chemist 這個字。Busy 還不夠形容忙碌，特別是在上班時最常說 Flat out（全力以赴）。這樣想想 flat out 時，來杯 flat white（經典澳白咖啡）應該也是理所當然。

生活俚語

英文／中文	澳洲俚語	有趣狀況
University ／大學	Uni	之前昆士蘭大學的簡稱 Uni of QLD 很容易被誤認成日本連鎖品牌優衣庫 UNIQLO
Kangaroo ／袋鼠	Roo	澳洲足球隊也名為 soccer roo；橄欖球便是 footy
Kinder garden ／幼稚園	Kindy	Kids in kindy today 小孩今天在幼稚園
Mosquitoes ／蚊子	Mozzies	用 ies 來縮短名稱
Definitely ／當然、毫無疑問	Defo	用 o 把 definitely 縮短的澳洲方式
Sick leave ／請病假	sickie	Sickie 就是病假的意思，Chunk a sickie 表示請病假
drunk ／喝醉了	pissed	I was so pissed 可以有喝醉，或是很生氣之意。喝醉了、不舒服也可用 crook。 Cut Snake 也是澳洲人表示非常生氣之意。
Liquor store ／賣酒的地方	Bottle shop	Bottolo 就是 Bottle shop 的俚語暱稱；Tinny 表示啤酒罐；Stubby 則是一瓶啤酒的意思；Slab 則是指一箱啤酒

英文／中文	澳洲俚語	有趣狀況
Cab Driver ／計程車司機	Cabbie	Cab 或 Taxi 為計程車，所以司機就連成 Cabbie
Friends ／朋友	mates	好友為 my mates，朋友你好是 Hey mate；在澳洲通常男生叫 bloke，女生為 Sheila
Baby ／嬰幼兒	Bub	看到 Bub 店，就是販售嬰兒用品
Complain ／抱怨	Whinge	I like to whinge sometimes 有時候就是很想抱怨一下
Lazy person ／懶惰的人	Bludger	He is such a bludger 他真的是很懶的人
Hard worker	Hard Yakka	表示很努力的人
Fuel ／汽油	Patrol	澳洲替車子加油是沒有人服務的，加油都要自己來 95、98 與柴油更要分清楚。
Woolworths ／澳洲連鎖超市名	woollies	用 ies 來縮短名稱：I'm going to the woollies 我要去綠超 Woolworth。 澳洲主要超市：綠超 Woolworth，紅超 Coles。
what do you think? ／你覺得呢？	what do you reckon?	詢問意見時很常用
Super ／超級	Bloody	澳洲誇飾法就用 Bloody；取自 Blood 流血感覺，但和血沒關係，只是要形容「超級」。比方説 I'm bloody tired 我超級累、bloody hot 超熱、bloody annoying 超煩、bloody hell 該死。So where the bloody hell are you? 咦！你怎麼還沒來呢？ ＊澳洲旅遊局之前花費了 1.8 億澳元宣傳的口語都是用 Bloody 一字

　　在澳洲 Ace 也代表很棒的意思，而最常聽到的語助詞大概就是「屎」shit；最錯、記錯，聽到不好的事統一用 oh shit 來表達。不過，這算慣性口頭禪，不是惡意飆髒話；Bugger 和 Crap 也是平常口頭抱怨。

正式工作場合別亂用或濫用俚語，不小心可會造成不必要誤會。準備妥當，澳洲之行一定是 Holy dooley，

驚嘆好玩。一起歡呼無所不在的口號：Aussie aussie aussie — oi oi oi！

其他常見俚語

澳洲俚語	意思	使用情境
dinky di Aussie	真實 澳洲人	He may not be dinki di Aussie. 他可能不是真的澳洲人。
Banana Banders，Cane Toad	昆士蘭人	He is a banana beders. 他是昆士蘭人。或者 Cane Toad gonna win again. 昆士蘭橄欖球隊又要贏了！
Brisbanites	布里斯本土生土長	Brisbanites enjoy their sunshine. 布里斯本人正享受這美好的陽光。
Barbie、Barbee	烤肉、BBQ	You wanna come over for a barbee this weekend? 這週末要來烤肉嗎？
	燒烤	"Throw another shrimp on the barbie!" 澳洲當地的廣告詞，用來吸引遊客品嚐當地美味的海鮮燒烤。
Pot	大杯啤酒	Need a pot of XXXX. 需要來杯大杯 XXXX 啤酒。
Holy Dooley	我的天	Holy Dooley, what happen was just crazy. 天啊！剛剛那真是瘋狂。
Reckon	認為、覺得	I reckon you are right. 我想你是對的。
Togs	泳衣	Bring your togs, we going to the island this weekend. 記得帶泳衣，這週末要來去小島度假。
Bogan	諷刺意味泛指鄉下人；言語、衣著、態度、行為不文雅或不成熟的人	That's very bogan. 這很土很澳洲鄉下。

4
Layback，無憂無慮的人生觀

如果要用三個詞來廣義的形容對澳洲人的印象，那應該會是：簡單、樂觀、天真。

澳洲態度、習慣 Layback「往後躺」什麼都不用煩惱，反正在澳洲 no worries，無憂無慮。澳洲人普遍也是挺單純，與世無爭，有悠閒天性和獨特幽默感的特徵。澳洲人生活方式利用溫暖陽光明媚的氣候，將大部分空閒時間花在戶外。無論是在陽光、沙灘、海灘上和週末上咖啡館度過時光，還是去露營或叢林徒步，澳洲人多是熱愛戶外活動的天性。近 90％的澳洲人居住在靠近海岸的地方，總是很快就能到達美麗的海灘。

澳洲穿著打扮也很隨意，所以是一雙夾腳拖（thong）走天下；在澳洲就連有錢人的穿著打扮也很簡

單，可能短褲拖鞋到處走。因此，澳洲人也很討厭過於矯飾炫耀的（pretentious）人與事物。英國旅遊作家 Bill Bryson 寫的 Down Under 澳大利亞書中提到：「這裡的人們非常討人喜歡──開朗、外向、機智且總是樂於助人。城市安全、清潔，生活幾乎總是在水上。擁有一個繁榮、秩序良好、本能平等的社會。食物很棒！啤酒是冷的。陽光幾乎總是普照，每個角落都有咖啡。生活沒有比這更好的了！」

澳洲人也很有慣性，還是有很多澳洲人沒有出過國，喜歡去固定的地方比方説固定的海灘，喜歡固定的咖啡館；很活在自己極小的空間與認知框架中。偏偏這些澳洲人往往也很驕傲，對於極小框架很有自信，但眼界又不寬廣，不夠有國際觀，或是不夠了解其他文化。因此有時候也會忍不住偷偷説：他們真的還是很井底之蛙啊！

正如昆士蘭知名節目主持人、演員兼喜劇演員馬克・利特爾（Mark Little）曾經説過：「這個國家本身就是一個終極笑話。當你在海灘度過一天後，衝浪到岸上的波浪，那海浪中卻可能有鯊魚或激流；當你回來時，你的房子還有可能在叢林大火中被燒毀。這就是整個 No Worries 的由來！」澳洲人就是隨意，有點懶散，動作也很慢，也不太會變通。算數不會心算要用計算機，所以當台灣人來遊玩時，腳步也請跟著放慢些，多體諒澳洲的散漫。

澳洲上班族生活非常重視「休息一下」，工作不能沒有 morning tea 或 afternoon tea 時光，不管多忙，該休息時請馬上停手！而且在澳洲該休假就休假，請假理由也五花八門，生病也應該請病假，總之請假也是人權。

澳洲平等主義

澳洲價值觀為相互尊重、寬容，對有需要的人有同情心。澳洲人相信所有人都是平等的，講究 fair go，人人都應該享有平等的權利和機會。比方説，在澳洲搭計程車，大多人會直接坐上副駕，把行李擺在後座、後車廂，以表示對於司機平等的尊重；直到疫情出現，為保持社交距離，才多人改為坐在後座。

澳洲人是雙週光族？

澳洲賺錢不算容易，但是給公民的福利、津貼與健保非常好。薪水大多是每兩週領一次，很多公司都是星期四或星期五發薪水，因此星期四或星期五餐廳與酒吧特別熱鬧；因為每逢發薪水的時候，比較多人就會出去飲酒作樂，慶祝一下。有酒商乾脆把廣告詞定為：Party like it's payday（像發薪日一樣狂歡）。

不過，很多澳洲人沒有存錢的概念，有多少花多少，所以不是月光族而是雙週光族。尤其澳洲人都很獨立，18 歲成年以後就不太跟父母拿錢，更沒有把錢留給下一代的觀念。但現在比較多澳洲人也開始渴望旅遊，或是擔心當年紀變大時房租會越來越貴，因此也會想要買房，所以也有開始學習理財的澳洲人。換個方式想，其實這也算是實實在在的活在當下！

英國 BBC 於 2022 年特別做了一篇《為什麼澳洲人這麼悠閒？》（Why are Australians so laid back?）的專題並表示，澳洲人長期以來一直以輕鬆的態度為形象，但這不僅僅是因為宜人的氣候，而是澳洲的平等主義精神已成為該國文化的決定性特徵。均衡與平等就是原則，學習工作與生活的時間要平均分配。

第一個實行八小時工作制的國家

八小時工作，八小時休息，八小時娛樂；儘管現在工作與生活的平衡可能不太好，但根據澳洲統計局 2007 年數據顯示（2021 年數據受到疫情

影響不夠準確），三分之一的澳洲人工作時間「不社交」，但仍是一個充分運用閒暇時間的國家。在澳洲，藍領的薪水不見得比白領少，大家不太因為職業去區分藍領白領，也不會因為有高教育就比別人厲害，學歷普遍來說不是主要，而是工作經歷。

核心精神是夥伴關係（Mateship）

澳洲人非常重視友誼，澳洲人會因為自己是對方的好朋友和鄰居而感到自豪，而且不僅僅是對認識的人，還會跟每個人打招呼，講 g'day 問候時，總是輕鬆、隨意。他們也不同於亞洲好客、請客的文化，朋友同事之

間更常都是各付各的（go Dutch）或是 split the bill。澳洲文化講究平等，因此不管你背景貧富如何，往往帳單通常都會平分。不過因背景不同移民人數多，澳洲社會事實的確仍有極大的貧富差距。種族平等，也還有障礙。

學會放空，澳洲空檔年
Go Bush, Jackaroo & Jillaroo Gap Year

空檔年這概念在西方國家很盛行，許多青年人高中或大學畢業後會先休學約一年或是一段時間，進行海外旅行和遊學。澳洲的空檔年不太一樣，稱為 Jackaroo（男孩）& Jillaroo（女孩），也被稱為是 13 年級。通常 12 年級高中畢業後，會銜接這個訓練；先去內陸農場、牧場和車站工作幾週、幾個月或一年，以換取房間、膳食和一點零用錢。工作很辛苦，所以訓練積極與努力的工作態度，學習成為成熟的人很重要！英國哈利王子就曾在 2003 年到澳洲當 Jackaroo，並嘗試這樣的空檔年，在他回憶錄《備位》（Spare）表示，「他在昆士蘭鄉村放牛時，找到了內心的平靜；身為 Jackaroo 這不僅僅是工作，需要耐力，也需要一定的藝術才能。他學會了欣賞農業生意，尤其是飼養優質牛隻的藝術。」

在亞州，尤其是中國的年輕人壓力大，而有放空日（Gap Day）；在澳洲則叫做 Go Bush。澳洲明星凱特・布蘭琪（Cate Blanchett）也提過這個澳洲態度：「Go Bush 意思是離開城市，放鬆一下。嘗試『去叢林』，前往沒有手機訊號的地方；但是在大多數情況下，這只是一種心態。」要懂得 Go Bush 放手一下。因此不管有沒有空檔年，不管什麼年紀，都要學學澳洲方式，找機會適時放鬆，生活要懂得放空！

澳式幽默，自嘲諷刺
Aussie Humour

澳洲人以豁達、風趣的幽默風格著稱，不喜歡過分拘謹或刻板，對生活持輕鬆樂觀的態度。飾演金鋼狼的澳洲明星休傑克曼（Hugh Jackman）就曾提到：「我認為澳洲人很樂觀，他們很有幽默感，而且很有感染力。」澳洲人傾向於以自嘲和諷刺的方式看待事物，常透過搞笑的對話和輕鬆的互動方式，表達看法和態度。此外，自嘲和自省是澳洲幽默的一大特點，他們能夠在幽默中坦然面對自己的缺點和荒謬之處。

澳洲人的自嘲，也稱為取笑自己，是澳洲幽默的另一個主要內容。他們會用各種各樣的名字稱呼自己，講述令人尷尬的故事，甚至表現出最糟糕的自我印象。比方說布里斯本暱稱為 Brisvegas 也是有點嘲諷意思，

表示這是個鄉村，而不是城市，對昆士蘭其他地區的居民來說，去布里斯本就像從郊區進城，所以去布里斯本就如去拉斯維加斯那樣的 big smoke、大城市。個人倒是認為，Brisvegas 挺時髦可愛的。澳洲人對「炫耀」持謹慎態度，因此這種自嘲是一種策略，為了證明他們並沒有把自己想得太高，但有些澳洲人的確過於自信。

在澳洲文化中，開這樣的玩笑是建立融洽關係的一種方式。澳洲人的特色表現在他們對友誼的珍視和對權威的嘲弄，例如可能有朋友會説：Nice haircut, did you get run over by a lawnmower?（髮型不錯，被割草機碾過了嗎？）雖然聽起來很刺耳，但澳洲人的玩笑只是為了輕鬆有趣。關係越牢靠的朋友，表示越開得起玩笑。

澳洲人也愛以嘲笑的方式面對世界，尤其那些與非洲大陸的嚴酷自然環境有關的問題。黑色喜劇與黑色幽默，在現代澳洲文化的形成過程中，找到了自己的定位，連續的乾旱、野火和颶風，促使澳洲人訴諸幽默來應對壓力。澳洲人拿各種在其他國家可能被認為低俗的事情開玩笑，包括死亡、疾病、意外、性、身體機能等，這樣的例子不勝枚舉。比方説，澳洲人提到森林大火、高溫熱浪、淹水、熱帶氣旋、超大颶風、澳洲人會笑著告訴你，越來越有聖誕氣氛了！如果遇到澳洲黑色幽默，目的不是冒犯；有時候是為了緩解圍繞某個主題的緊張情緒。所以有時候，澳洲人總是會在最奇怪的情況下，莫名的搞個幽默緩和一下緊張氣氛。反正有時候聽到笑話不用太對號入座，知道澳洲人也沒有什麼惡意就好。

在澳洲，擁有幽默感是一件重要的事。演講時會加一點幽默感來帶動氣氛，各地也有不同的喜劇、節慶與節目，並總是人氣十足。反正，在澳洲就保持著開放的心態，體驗這裡的文化包括幽默也是其中的一部分。保持好奇，感覺足夠舒服，更可以去理解澳式幽默感。

5

Australia vs Taiwan，台澳很像又不像

　　澳洲和台灣有相似之處，但又有顯著的不同。澳洲與台灣過去都是遺世獨立之地，一個是海島而另一個是大陸陸地。澳洲是一個大陸國家面積約為 7,692,024 平方公里，比台灣大約 215 倍；昆士蘭比台灣大約 48 倍。兩者人口卻差不多，澳洲 2023 年人口超過 2682 萬人，台灣人口則為 2342 萬左右；澳洲人口密度較小，而台灣則相對較高。澳洲境內其實還有相當比例的外來遊客、留學生與打工度假者不計入人口數中。澳洲氣候多樣，包括熱帶、亞熱帶和溫帶氣候，台灣則屬於亞熱帶氣候，四季分明。氣候的部分，布里斯本跟台灣比較類似。

　　澳洲與台灣都是農業物產相當豐富的國家，也有許多美味的水果。經濟上，澳洲擁有深厚的礦產資源，以礦業和農業為主，而台灣則以製造業和科技產業為主要支柱。最相似的是，澳洲與台灣都有美麗的景觀，週末熱衷出遊，並且給外國人相當親切友善的形象。

在澳洲的台灣人

　　歷史上，第一批已知的澳大利亞台灣人，是在第二次世界大戰期間 1939 至 1945 年從荷屬東印度群島（NEI，歷史上的印度尼西亞）抵達澳洲，並於 1942 年遭流亡的 NEI 政府作為平民，遭拘留者帶到該國。當時，台灣是日本帝國的一部分，台灣人被視為日本人。1901 至 1973 年白澳政策徹底廢除後，台灣人在 1970 年代開始大規模移民澳大利亞，以商業移民與高技能白領工人技術移民為主；首選移民地點為布里斯本，有部分則移居至雪梨或墨爾本，以東岸為主。

目前在澳洲的台灣人總人口未知，人口普查只有第一代和第二代台灣人會算台灣人，第三代或以上的台灣人家庭只算「澳洲人」。目前第一代、第二代台灣裔人數約為 45,000 至 55,000 人。據估計，大約 95 至 90％的台灣澳洲人是第一代、第二代澳洲人。根據 2021 澳洲人口普查，目前整個澳洲有近約五萬人出生於台灣，其中 16,600 台灣人在昆士蘭，12826 集中於大布里斯本地區。

2023 年，有 14,686 名台灣年輕人獲得澳洲打工度假簽證。2022 年，有 8,676 名台灣學生來澳洲留學，澳洲為台灣第二大留學目的地。在澳洲也有很成功的台灣移民，從市長、議員、律師、醫生、音樂家、藝術家等，還有許多澳洲投資的飯店、大樓、商場、加油站、幼稚園與餐廳、咖啡館等。

澳洲與台灣的親密關係

澳洲與台灣有密切親密的關係與互動，包括貿易和投資、教育、旅遊和文化交流，貿易投資更是長年緊密。台灣也是澳洲主要的旅遊和教育市場；在藝術、太空、教育、科學、旅遊和體育等領域的民間互動也越來越多。2022 年更簽署藝術交流合作諒解備忘錄，繼續更多視覺藝術、表演藝術、原住民文化和出版領域的交流。

澳洲台灣姊妹市

澳洲好幾個城市與台灣都締結了姊妹、友好城市：布里斯本與高雄、黃金海岸與高雄、黃金海岸與台北、昆州 Logan 洛根市與桃園、Ipswich 與南投、新州的 Fairfield 與新竹為姊妹市、雪梨內西區的 Marrickville 和基隆等。

生活習慣與文化差異

澳洲英文有自己的腔調,語法與英國較相似;台灣人通常比較習慣美語發音,因此剛到澳洲都要稍微適應一下澳式口音。在澳洲駕照就是身分證,所以得隨身攜帶。

在澳洲都稱名不道姓,沒有叔叔或阿姨!叫老師也直呼名字;不是澳洲人不禮貌不喊稱呼,而是習慣不同。對於滿 18 歲就獨立、不和父母同住的澳洲人來說,你得要費勁口舌和他們解釋「為什麼台灣人大多結婚前都還是跟父母同住?」或者還可以用父

母的錢。外國人較獨立,沒什麼互相的概念;沒有你請我,我請你概念;很多同事們朋友們用餐都各付各的,自己的事自己搞定。

澳洲人不喜歡「公用」,也沒有共享食物的習慣,吃東西不會我分你一口你分我一口。在餐廳,常可看到一桌澳洲人各自都點了相同的主菜。不過近年來出現越來越多共食概念的餐廳,所以在這樣的餐廳裡,較可接受共食。澳洲人也吃米食類,但沒有洗米的習慣。洗碗通常都用洗碗機,但住在澳洲的許多台灣人不是沒有洗碗機,就是拿它來放碗不洗碗。另外,洗碗時澳洲人會將洗碗精、水倒在水槽裡和碗一起浸泡,再直接用抹布擦乾;我們是會把泡沫用清水沖乾淨。

澳洲,如果住在獨立房子內,每週要自己推垃圾桶出去倒垃圾。住公寓的話,則很多有垃圾通道,可以直接從樓上丟棄垃圾,垃圾會順著管道滑下去集中的大垃圾桶。

澳洲尤其在城鎮鄉下,常看到人們出門愛打赤腳,入室內卻要穿鞋不換拖鞋的景象;澳洲人喜歡赤腳踩草皮或躺草皮上曬太陽。在澳洲,上山下

海，到處都有警察大人的蹤跡，在這裡也可看到騎馬或騎腳踏車的警察。

　　大部分澳洲人都習慣早上洗澡。週末喜歡往海邊跑；大部分澳洲長大的小孩從小學就要在學校學游泳救生等，不像台灣因為沒有需求，所以很多大人是旱鴨子。要是遇到與外國人共宿之際，也要尊重不同的文化區別。旅程中也會發掘到更多的文化差異，也算旅程樂趣之一。

致敬澳台工商委員會（ATBC）已故榮譽主席
馬樂施（The Late Ross Maddock OAM）

馬樂施（Ross Maddock OAM）為澳台工商委員會前榮譽主席，澳洲勳章得主。長達三十幾年全心奉獻於強化澳台雙邊關係，Ross 是記憶非常好的領導，交友廣闊，也是很友善熱心的長輩。在我擔任澳台商會理事時，曾跟 Ross 聊過，他說會想出一本台澳商務交流的紀錄書籍，因為許多點點滴滴會很珍貴與值得。因參與 ATBC 事務時也聽他分享許多有趣故事、深度議題、挑戰與成就；讓我學習良多更是寶貴經驗。遺憾沒機會看到那本台澳交流的紀錄，但也特別感謝緬懷 Ross 給予我的鼓勵與友誼，對台澳關係的貢獻與熱忱。也藉此感謝所有在各層面曾為台澳交流努力的人，雙邊緊密關係背後是許多辦事處同仁們、商會與移民等努力不懈成果更有許多幕後甘苦談。

澳洲外交部「澳洲與台灣的關係」官網
https://www.dfat.gov.au/geo/taiwan/australia-taiwan-relationship

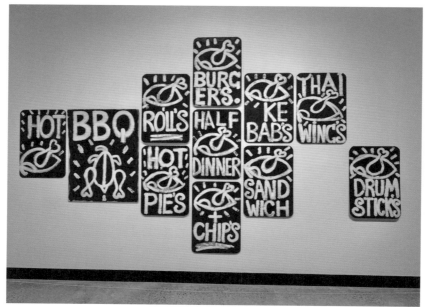

Part 2　澳洲美學生活

美食、藝術、生活，息息相關。生活中有美食，美食中有藝術，藝術中亦有美食，生活就是種藝術。美好的生活，就是品味所有喜愛的飲食與事物。通過藝術，可了解當地歷史、文化與生活最直接的一塊。美食、咖啡與藝術一直是我旅程的重點，也邀請你來品味澳洲悠閒自在、繽紛愉悅的美學生活。

澳洲飲食文化

澳洲美食很難定義，歷史可追溯至原住民傳統飲食、十八世紀末歐洲移民，即英式、義式和蘇格蘭式帶來的烹飪風格，以及十九世紀淘金熱潮吸引了亞洲與東南亞移民，增添的許多創新風味。還有近十幾年來日韓、中東，或是印度的異國風情；這些多元文化飲食，都深深影響並豐富了澳洲美食。《雪梨先驅晨報》（Morning Herald）回顧雪梨美食史報導時也曾形容：「我們吃的東西講述了我們原住民的、淘金熱、戰時混亂和移民浪潮的故事。」

澳洲美食早期，以融合的 fusion 為代表

其實，澳洲多數餐廳現在還是以 Fusion 偏亞洲風味的融合菜系為主，比方說在同一間餐廳可能會有泰式咖哩、越南春捲、新疆羊排；但餐廳不會自定為亞洲餐廳而是融合式料理。後來，美食家們開始覺得融合會造成混亂（Fusion confusion），就像是

本人因為也有亞裔背景，在品嚐西餐時反而不是很喜歡過於或刻意使用亞洲食材或風味的創意（也可能因為自身背景而對亞洲食材更敏感）。但這無法避免，畢竟這的確是澳洲歷史、大環境與地緣關係。澳裔明星休傑克曼也說過：「我們沒有獨特的澳洲食物，有來自世界各地的食物。我們是一個多元文化的國家，是在吃過很多不同類型食物的環境下長大的。」澳

洲料理現今比以往更為融合，但也漸漸沒有人再以 fusion 來形容。

現代澳洲美食（Modern Australian）特色，強調當地時令食材

如今，廚師多從農民和工匠等產地直接採購農產品，利用可持續、有機做法烹調，並經常在菜餚中加入如灌木番茄（bush tomatoes）、泉東沙漠桃（desert quandong）或金合歡樹籽（wattle seeds）等澳洲原生本土食材。

受多元文化影響，例如將歐洲技術與亞洲風味融為一體，始終是澳洲美食不可或缺的一部分，進而塑造出現代澳洲美食的風貌。同時，澳洲美食近年也逐漸影響海外，並越來越受關注；包括澳洲廚師 Brett Graham 的英國餐廳 2024 年拿下米其林三星。

如今在台灣，也有許多曾在澳洲餐廳工作過的廚師等。

此外，澳洲人也越來越在意健康與營養，注重於使用當地食材漁獲等，倡導更永續的飲食概念。疫情的關係，更加深健康飲食意識抬頭；從食材、配料、料理方式等都多了更多有機、營養、無負擔的選擇。

原產特色食材

幾千多年來，原住民以澳洲叢林本土動植物、「叢林美食」（bush tucker）維生，食用的動植物多達 5 千種，並會狩獵食用袋鼠或鴯鶓等。袋鼠肉為高蛋白、低脂肪肉類，在餐廳常見。原住民也常食用叢林野莓、水果和堅果，包括現在廣泛種植的昆士蘭火山豆（同夏威夷豆但原產澳洲），加上野生蜂蜜等做飲食搭配。

澳洲有豐富的原生食材，較常見並被廣泛使用的，包括了拿來當成香料製作成麵粉、製成麵包或糕點的金合歡樹籽，以及稱為沙漠葡萄乾，有濃郁微苦的風味，可用於醬汁、調味料或沙拉的小番茄，灌木番茄（Bush Tomato）。檸檬香桃木（Lemon

Myrtle）則是罕見植物，由蒸餾枝葉萃取而成，常見用於烹飪中。Riberry也稱 Lilli pilli 是雨林植物，樣子是紅色梨形漿果；從樹上摘下後直接即可食用。沙漠青檸（Desert limes）可用於甜和鹹的菜餚，也可取代傳統檸檬和酸橙。山胡椒莓（Mountain Pepper Berry）則是一種常綠灌木，可當作烹飪香料。

超級食物原產地

澳洲的超級食物（Superfoods）擁有很棒的高營養密度，例如卡卡杜李（Kakadu Plum）富含豐富維生素

C，味道甜美，常用於製作果醬、調味，也常使用在琴酒或飲料中。另一種戴維森李子（Davidson Plum）也營養豐富，具高抗氧化力，香氣讓人想起燉大黃。伊拉瓦拉李（Illawarra Plum），果肉很像葡萄，適合生吃或製作果醬和果凍。

由澳洲聯邦科學與工業研究（CSIRO）所創造的酸柑（Sunrise Lime）是以指橙（Finger Lime）和柑橘（柑橘和金橘雜交）混種而來的新品種。指橙原產於昆州東南部和新

州北部邊境地區的雨林，稀少且昂貴，因果肉一顆顆很像魚子醬，所以又稱為檸檬魚子醬（Caviar Lime），現也出口到海外，個人曾在台灣的日本料理店吃過。芒特里（Muntries）是一種美味且用途廣泛的水果，可新鮮食用，也可用於甜和鹹的菜餚。泉東沙漠桃（Desert quandong）的顏色、形態和口感很不一樣，也很營養。檸檬白楊（Lemon Aspen）具濃郁檸檬和香草味，都很特別。

除了原生食材，澳洲也順利引進或改良許多特色食材。比方説在澳洲也非常有名的黑松露，產季通常在冬季六月到八月之間，正好與其他產區的季節不同，因此也是海外很愛的高檔食材；主要產於塔州、維州和西澳等地，也有松露狩獵行程。另

外還有「黃金山竹」阿恰恰（A Cha Cha），原產自南美洲亞馬遜，吃起來很像泰國山竹，長得很類似枇杷，帶點酸甜的黏膩滋味，被當地人暱稱為「蜜吻」。剛上市的紅肉紅蘋果（Kissabel），是星形橫切面的美麗蘋果，品種在歐洲成功培育二十年後，目前澳洲只有少數農園成功種植這個品種。還有深紅皇后李（Queen Garnet plum），則是日本血李品種，由昆士蘭州政府育種計劃下培育出抗病新版本；富含極高的抗氧化物質花青素，也是能幫助減肥的超級水果。如今，越來越多餐廳開始善用這些澳洲原產食材，也正是這些豐富原生食材，讓澳洲美食更加有辨識度與熟悉感。

餐飲版圖的開端

澳洲第一間餐廳可追溯到十八世紀末，雪梨當時已成為英國流亡囚犯的殖民地。第一間餐廳意外的不是英國菜而是法國餐，畢竟當時英國菜似乎還沒有什麼特色，人們吃的很簡單。根據澳洲國立圖書館紀錄，1798 年澳洲第一家餐廳為 The

Mason's Arms，也是新州第一家獲得許可的酒店，由法國猶太人詹姆斯·拉拉（James Larra）經營；他因在倫敦偷了一個銀酒杯後被流放到新州。1796 年他在雪梨帕拉馬塔（Parramatta）定居，建造了第一家用籬笆和泥土搭建的小旅館，1800年用磚塊重建，同時聘請了一位法國廚師。第一家餐廳所在地現已改建為帕拉馬塔法院，澳洲第一間餐廳就是法式料理，算是把澳洲餐飲尤其是雪梨的基準拉得相當高。隨著時間發展，澳洲餐飲逐漸演變。到十九世紀，雪梨和墨爾本等城市開始出現更正式的餐廳，也因為受歐洲料理的影響，有更多道菜色、套餐等料理吸引著顧客。

第一本烹飪書由早期作家愛德華·阿博特（Edward Abbott）編寫，書名為《英國和澳洲烹飪書》（The English and Australian Cookery Book，1864 年）。書中約有 500 道食譜，融入了澳洲美食精髓。書籍再版時，出版商提到：「他是第一個描述澳洲原料及其美妙之處的人。」這書也是澳洲美食歷史重要里程碑，記載了許多食材與烹飪方式。第一位美食評論家應是瑪格麗特·伊索貝爾·富爾頓（Margaret Fulton OAM），她是蘇格蘭出生的美食烹飪作家、記者、作家和評論員也是澳洲第一位此類作家，更是帶動中式飲食在澳洲普及的重要人物，1975 年她開始推廣中餐烹調食譜，也曾帶團造訪中國各地的餐廳。

雖然中國餐點可能從十九世紀中期，於內陸地區酒吧或加油站工作的勞工生活區附近就存在，而且約於 1800 年代新州也有所謂的中式咖啡館，但 Alloo's 算是第一家有記錄的中餐廳，由廣東人 John Alloo 原名 Chin Thum Lok（音譯駱欽芃）於1854 年在維州巴拉瑞特（Ballarat）金礦區開設。餐廳主要是為華人礦工供餐，不過賣的卻是如烤牛肉之類的西餐。隨著淘金熱，直到 1890 年左右澳洲甚至有三分之一的廚師都是華人，所以中式料理影響澳洲飲食久遠。但也是直到白澳政策的 60 年代以後，澳洲人才開始接受了去中餐館吃飯的想法。

小知識

澳洲第一間中餐廳 Alloo's

有意思的是，記錄這澳洲第一間中餐廳的是維多利亞州立圖書館館藏畫作，由塞繆爾·托馬斯·吉爾（Samuel Thomas Gill，1818 — 1880）所繪。吉爾大量的作品，描繪了世界上有史以來最偉大的黃金繁榮時期的生活。餐廳上的招牌寫著「湯隨時準備好」；這幅畫正好也呼應了前言提到的藝術中有美食，從畫作可以直接觀賞到澳洲歷史與文化。

JOHN ALLOO'S CHINESE RESTAURANT, MAIN ROAD, BALLAARAT. 1853

＊圖片來源 © 2024 Antique Print & Map Room

「點心」在澳洲超受歡迎，稱為 Dim Sim

不是港點統稱的 Dim Sum，而是 Dim Sim，詞源為墨爾本自創。點心一詞可以追溯到 1928 年，最初是淘金華工為一解鄉愁所烹製的食物，於 1945 年由來自廣東的陳永揚（William Chen），在唐人街為其 Wing Lee 食品加工公司開發出如今流行的加大版。暱稱為 Dimmie 的食物，是比較大的球形版點心，起源於南墨爾本市場，也被稱為「南墨爾本點心」。

中餐在澳洲已有過百年歷史，對澳洲飲食有潛移默化的影響，而且或許比想像中得要深。澳洲人算挺喜歡吃中餐，但以前只愛吃酸甜的咕嚕肉，不敢吃豆腐，也覺得海苔嘔心。如今，這些都成餐廳常見的食材，由此可見，澳洲人一直在進步，對不同文化的食物的接受度也越來越廣。名廚 Peter Gilmore 也表示：「澳洲中餐館是澳洲烹飪身分和影響力的重要組成部分。」

澳洲美食指南
「高帽美食」評鑑

澳洲沒有米其林！實際來說，澳洲人其實不在乎餐廳有沒有名，只在乎他們覺得好不好吃。或許米其林對海外遊客會更有吸引力，但澳洲有很成熟的美食評鑑。澳洲餐廳評鑑網站和指南有「美食高帽指南」（The Good Food Guide）、《美食旅行者雜誌》（Gourmet Traveller）和《澳洲美食與旅遊指南》（Australian Good Food Guide）。前兩份較權威並僅關注餐廳，也較多人通用參考。

幾年前，澳洲金融評論（AFR）也試著發表過百大餐廳，但要考察如此多餐廳，的確需要強力的團隊與投資，後來也停止發表。

「美食高帽指南」權威等級如同米其林，由各州大報主導，一年一評。評鑑者會匿名訪問各州餐廳，以一至三頂帽子來評分：三頂帽子很優秀，值得特地前往；兩頂帽子，值得繞道；一頂帽子，值得一去。

澳洲另一個廣泛參考評鑑，則是《美食旅行者雜誌》（Gourmet Traveller）辦的 Gourmet Traveller Restaurant Guide，餐廳的得分基於食物的味道、服務質量、用餐環境等多個方面。此外，歷史也相當悠久的《澳洲美食與旅遊指南》1979 年發布了第一本涵蓋全國的餐廳、住宿和旅行指南，前身為 Guide Bonvoyage，現又更名為 AGFG；使用五星評級系統，從一星到五星不等，來評估餐廳水平和品質，現以網站資料為主。這些評鑑提供了廣泛的參考，讓大家可根據口味和需求選擇適合的餐廳。

關於美食評鑑

1979 年第一版《墨爾本先驅報美食指南》（The Age Good Food Guide）引入了「高帽」餐廳排名系統，而且已有 40 多年歷史。1984 年延伸至雪梨，並開始發表《雪梨晨鋒報美食指南》（The Sydney Morning Herald Good Food Guide）。在此之前，其實早在 1975 年也曾有 AVIS 租車公司贊助的 Eating Out in Sydney 指南，評論了百家餐廳。2012 年 Good Food 出版了第一本《布里斯本時報美食指南》（Brisbane Times Good Food Guide）。受疫情影響，兩年停止評鑑，且沒有區分排名；2023 年 Good Food Guide 再度重新針對新州與維州發表「美食指南」；2024 年也宣布即將重啟布里斯本的 Good Food Guide 評論。

布里斯本 Good Food 網 https://www.brisbanetimes.com.au/goodfood；墨爾本 Good Food 網 https://www.theage.com.au/goodfood；雪梨 Good Food 網 https://www.smh.com.au/goodfood ；Gourmet Traveller 網 https://www.gourmettraveller.com.au ；AGFG 網 agfg.com.au

餐廳與飲食習慣

　　雪梨與墨爾本是傳統上澳洲美食餐廳群聚的城市，至於布里斯本近年來也迎頭趕上，有越來越多餐廳都有達國際水準。雪梨與墨爾本有較多正式套餐型態的高級餐廳，但澳洲風格其實較為休閒，這也反映在餐廳走向，隨性有特色的餐廳比正式拘謹的餐廳更加吃香。

　　澳洲除了牛排館、PUB 酒吧餐廳非常受到歡迎以外，由於澳洲人多居住在沿海地區，所以海鮮餐廳算是很受歡迎。澳洲也盛產龍蝦、螃蟹、蝦

魚等，但澳洲人不愛吃帶骨的魚，反而偏愛魚片或是魚肉，魚頭就別說了！另外，澳洲人吃雞肉也沒有雞腿迷思，反而愛吃簡單無骨的雞胸肉。但是若是說「澳洲人懶得啃骨頭？」似乎也不見得！畢竟澳洲人也熱愛蝦類、愛吃蝦，撥蝦殼也是撥得挺開心的。澳洲人超級喜歡稱為 Alfresco 露天的餐廳，總是偏愛能夠曬曬陽光的戶外雅座。

旅行中偶爾會看到熟悉、親切的麥當勞與肯德基，但在澳洲這兩間可是都有隱形菜單喔！比方說麥當勞有隱藏的大雞排（Spicy Thight Patty），還有澳洲人最喜歡的麥當勞餐點居然是：早餐的「兩片薯餅夾冰炫風」。無麩質過敏的人點漢堡，也能夠換成捲餅，或甚至選擇「不要麵包只要內餡、只要肉排」（Bunless）這樣的吃法。肯德基則是有三層雞排（Triple Stacker Burger），或是 Zinger Slider Stacker 類似肉夾饃的雙層肉排等隱藏菜單喔！建議可先下載兩間名店的澳洲版 APP 來獲得優惠券。

小知識

澳洲的漢堡王，全都改名為「飢餓傑克」

1971 年澳洲商人 Jack Cowin，想在澳洲開設漢堡王連鎖店的第一家特許經營店時，沒想到當地已經有一家名為「漢堡王」的餐廳，還註冊了商標，所以他只好用自己的名字當店名，從此在澳洲就只有飢餓傑克（Hungry Jack）。除了名字之外，其他餐點、菜單和國內的漢堡王差不多。

澳洲人愛吃肉派，除了去 Pie Face 連鎖店、昆士蘭百年老店 Yatala Pie 或雪梨老店 Harry's Café de Wheels 之外，也愛 Grill'd 與 Burger Urge 連鎖漢堡店等。在日本與美國也可以看到的黃色招牌 Guzman y Gomez 也是來自澳洲，除了玉米餅與捲餅，包著起司烤過的墨西哥餡餅（Quesadilla）也很好吃；另外一間澳洲本土墨西哥連鎖店 Zambrero 也很受歡迎。Red Rooster 與 Oporto 也是澳洲很知名的烤雞連鎖店，還有 Schnitz 炸雞排連鎖餐廳。

澳洲人口相當多元文化，也有許多平價的亞洲風味。不管是韓國烤肉、迴轉壽司或小籠包等，在主要城市都有許多選擇。就連以前不被重視的 7-eleven 也逐漸開始重視餐飲等即食選項，超市和加油站也是都買得到沙拉、簡餐等熟食。

當然，澳洲美食風潮與其他國家一樣，一陣子就會流行不一樣的東西。之前墨爾本的 Lune 可頌爆紅後，幾個城市也跟著紛紛出現可頌與烘培坊。除了糕餅店，這兩年也特別流行吃餅乾（Cookie），例如 IG 網紅名店布里斯本的 Brooki 餅乾，連推出

的食譜都登上亞馬遜排行榜全球第一名。三明治也很紅，不管是名廚開的三明治店、歐風三明治，甚至日本 Sando 都很流行。這幾年主要城市也開始盛行日本料理 Omakase 套餐，不論割烹或江戶板前壽司都有。主要是疫情後期，恰巧有不少日本廚師移居海外工作，所以近幾年澳洲人也開始對抹茶感到好奇，還多了許多抹茶專賣店。疫情後期也帶動了得來速（Drive-Through）般的餐廳咖啡館興起；減少內用之舉，對於腹地廣闊的澳洲還真挺適合。

點餐訂位 TIPS

在澳洲用餐，尤其是前往比較高級一點的餐廳時，請務必事先訂位。訂位時要事先告知忌諱食材（Dietary Requirement）與過敏原。同時，很多餐廳會要求以信用卡先預付款項保留位置，取消有限定天數，否則不去也會酌收費用。標明 BYO（bring your own）的餐廳表示可以「自己帶酒」。比較正式的餐廳與少數的高級飯店會禁止小孩入內，如果有帶小孩，可找當地保母或是朋友看顧，訂餐廳前最好先詢問一下；需要嬰兒椅最好也事先告知。

餐廳不允許外帶、打包

另外需要注意的是，很多餐廳尤其比較高檔的餐廳，不提供外帶服務。由於餐廳想確保並遵守高標準的食品安全，因此吃剩沒辦法打包！此舉可避免食物在離開餐廳後，在未知的保存情況下，產生交叉感染，讓客戶有食安風險，所以乾脆不讓人打包。遊澳洲時也請理解澳洲人的貼心，並適量點餐。

過敏與忌諱食材用語

Gluten-Free	即不含麩質，麩質是一種在小麥、大麥和黑麥中存在的蛋白質。
Crustacean	海鮮和甲殼類過敏
Shellfish	有殼類海鮮
Lactose Intolerant	乳糖不耐症
Pescatarian	魚素者
Vegan	素食（蛋、奶、動物製品都不可以）
Vegetarian	素食（大多也會包含蔥蒜與洋蔥，蔬菜都可以的意思）
Paleo	原始人飲食是指避免攝取不健康的油脂和精緻醣類，如乳製品、豆類、加入糖的加工食物等
Sulfites	亞硫酸鹽過敏，比如烘焙和燒烤食品、湯料、果醬、蔬菜罐頭、醃漬食品、肉汁、乾果、洋芋片、越野混合、啤酒和葡萄酒等需要避免
Nightshade	茄科植物包括了馬鈴薯、番茄、辣椒、茄子、枸杞和菸草等

愛辦 Party 無國界

誰説烤肉只能在中秋節？在澳洲，大小節日就是要烤肉！人們最愛都是 barbeque（BBQ），又稱 Barbie。據統計，近三分之二的澳洲家庭後院都設有烤肉台，公園沙灘也設有烤肉台可免費使用。每逢過年過節、隨時隨地，都是烤肉好時光，同時還要配上海鮮與啤酒。許多澳洲人認為，燒烤是將人們聚集在一起，串起文化差異最簡單的橋樑。

另外，很經典、有嘶嘶聲的「烤香腸活動」sausage sizzle，是澳洲專屬文化，暱稱 snag，約在 80 年代開始流行。活動通常辦在超市、學校、運動場所等地，也是慈善機構用來募款的方式之一，通常是免費或一枚金幣左右的活動。一般會用吐司或熱狗麵包，夾著香腸配炒洋蔥和醬料（番茄醬、燒烤醬或芥末），有時甚至還有選舉日的「民主香腸」（democracy sausages），逐漸讓烤香腸成了選舉日活動一部分。全國各地的週末，當地的知名五金連鎖店 Bunnings Warehouse 也都能聞到這煎香腸和洋蔥的香味。

在澳洲「帶一個盤子」（bring a plate），長期以來一直是常見的説法，也是一種文化傳統，又稱 Potluck 是「便飯」的意思，指每位客人或團體都會貢獻一道不同的、通常是自製的食物來分享。不管野餐、BBQ 燒烤、學校活動、公司聚會，甚至聖誕午餐都適用。這種方式是因澳洲不同背景、文化和種族而來，最後演變為無國界美食大匯集的派對。

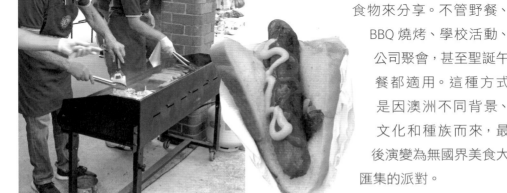

經典美食、常見餐點

澳洲經典美食超多，包括源自英國的炸魚薯條（Fish & Chips），點餐時通常可詢問當天新鮮漁獲是什麼，再選擇烹飪方法（用炸的、烤或香煎）。這裡的馬鈴薯品種較優質，薯條特別好吃，也可加上雞粉鹽（chicken salt）就是更正宗澳洲吃法；另有帶皮炸馬鈴薯（wedges）。總之，在澳洲薯條是個難以說 NO 的萬惡美味。

名叫 Meat Pie 的是一種餡料豐富可以一手掌握的圓形肉派。外皮酥，咬下去後醬汁滿溢，相當好吃。澳洲人對於怎麼吃肉派也有講究，一方喜歡把番茄醬淋在派皮外，另一方則喜歡把酥的外皮掀開後，將番茄醬淋在裡面再闔起來吃。還有改編版，源自阿德萊德的漂浮肉派（Pie Floater），將豌豆濃湯中放入肉派。另外長條型的香腸卷（sausage roll）裡面是絞肉，有點類似肉派，但沒有肉醬汁。

機器壓烤的吐司三明治，也就是「熱壓三明治」稱為 jaffle，1949年 歐 內 斯 特 · 史 密 瑟 斯（Earnest Smithers）醫生為這熱壓鍋申請了專利，壓烤過呈三角形的三明治從此變得更好吃，我最愛番茄起司口味。

講到吐司，不能錯過澳洲國民抹醬 Vegemite。深棕色濃稠的塗抹醬，由啤酒廠將剩餘酵母萃取物和各種蔬菜與香料添加劑製成。1922 年在維州墨爾本，由西里爾 · 利斯特（Cyril Callister）開發，隔年開始銷售，迄今已有百年歷史。澳洲人會適度塗抹一層並加上奶油，但遊客不懂，會抹厚厚一層就變得死鹹。米其林三星餐廳 Noma 的主廚曾有趣形容這個澳洲國民醬：「Vegemite 應該是澳洲味噌，可以有多種使用方式，配上一點蒸白菜就可以了。」

澳 洲 傳 統 雞 肉 料 理 Chicken parmigiana 類似豪大雞排，50 年代開始流行，暱稱為 parma、parmi 或 parmy。澳洲人習慣吃漢堡要加上甜菜根，也超愛酪梨，尤其早餐咖啡

館最常見、簡單的酪梨吐司（Avo on Toast）人氣超高。近來，早餐的蕃茄洋蔥辣椒醬烤雞蛋（Shakshuka）也挺紅。早午餐的盛行還引來金句「早午餐是新的教堂」（Brunch is the new church）的說法，直指澳洲早午餐興盛到取代週末禮拜時光。

常見的美祿（Milo），類似阿華田的飲品也是 1934 年澳洲人湯瑪斯梅恩研發的國民飲料。當時在雪梨皇家復活節展覽會正式推出，之後大量生產，現在已由全球知名飲品公司雀巢買下；可加在摩卡裡面，也可以灑在冰淇淋上或做成甜點，是澳洲人非常熟悉的童年味。

以俄羅斯名舞蹈家 Anna Pavlova 命名的「蛋白霜蛋糕」（Pavlova）算最經典的甜點之一！據說，製作這道甜點的廚師可是對其美麗的舞姿念念不忘，因此有了這美麗又甜蜜的柔軟滋味。這道漂亮甜點蛋糕以蛋白及糖霜為主，常見的百香果或水果是她的妝點！以前在台灣工作時，舉凡跟澳洲有關的重要饗宴，都會推舉這 Pavlova 為國家級代表甜點！

另一個經典為萊明頓蛋糕（Lamington Cake），也是昆士蘭最著名的糕點。一小方塊，外表不太起眼的萊明頓，是海綿蛋糕沾滿了巧克力醬後，再於外頭裹滿椰子粉而成。

常見於各大超市，在咖啡館則可看到
不同樣式的變化，如華麗風格或草莓
口味版本，但往往是小店的家常版最
鬆軟、好吃。其他經典甜點還有 香
草夾心蛋糕（Vanilla Slice），或是
石板街棉花糖巧克力（Rocky Road）
也都很有名。

必吃零食

Tim Tam

Arnott 其下最有名的澳洲巧克力夾
心餅乾，也是澳洲經典伴手禮。由於
剛慶祝 60 歲生日，便推出好幾種不
同口味，連不含麩質都照顧到了！也
會不定期推出限量口味與延伸商品。
Tim Tam Slam 更是一種有趣又美味
的美食儀式，咬掉餅乾的對角，把
Tim Tam 當作吸管來使用，將底角浸
入咖啡中，再咀嚼整塊濕透的餅乾，
巧克力在嘴裡爆開融化，是澳洲獨特
的吃法。好玩好吃，要試試喔！

網 https://www.arnotts.com/brands/tim-tam

Smiths

Smith's 薯片是第一次世界大戰
後，1931 年隸屬於英國的 Frank
Smith 推出，更是澳洲暢銷多年的第
一名薯片品牌！經典鹹味是人氣選
擇。另外 Burger Rings 漢堡鹹酸口味
香脆圈圈零食，或是 Red Rock Deli
Chips 薯片口味也不錯，會讓人忍不
住一片接一片！還有 Shape 餅乾也

很經典，Vegemite 口味或澳洲形狀等不同樣子的餅乾也很特別。

Smith's 網 https://www.smiths-chips.com.au
The Red Rock Deli Chip 網：https://www.redrockdeli.com.au

Bulla Splits 水果冰棒

個人小時候超愛這個冰棒，為澳洲家族擁有和製造。它是用真正的果汁製成的，中間是奶油狀的香草冰淇淋，而且是採用每日交付的新鮮牛奶製成。主要三種口味：芒果、覆盆子和檸檬酸橙，現也多了許多新口味，包括西瓜或是百香果等。清爽好吃！

網 https://www.bulla.com.au/products/bulla-splits-summer-variety-watermelon-passion-pine-strawberry/

Weis 冰棒

1957 年就開始販售的經典老牌子，冰棒富含新鮮水果泥，共分成兩截部分，一部分為牛奶口味，另一半為水果風味。招牌口味是熱帶芒果味，香甜不膩口；昆士蘭豆口味也很受喜愛。品牌 2017 年被聯合利華收購，目前冰棒品牌有出口至日本、台灣、新加坡與美國等地，不過既然到了澳洲，可試試其他澳洲才有的口味。

網 http://www.weis.com.au/

Drumstick 甜筒

布里斯本 West End 區的 Peters 冰淇淋廠建於 1928 年，這可是大小朋友都愛的巧克力甜筒 Drumstick 的發源地。雖然冰淇淋廠隨著都更遷移，但來到澳洲就該嚐嚐這傳統百年古早風味的彼得冰淇淋甜筒！

網 http://www.peters.com.au/brands/drumstick/

Bundaberg Brewed Drink

昆士蘭最知名天然釀造薑汁啤酒，1960 年成立的老字號。稱為啤酒是因為要強調其經過釀造的古老製成，但其實是無酒精飲料！昆士蘭中部盛產薑，也有相關的薑觀光工廠。這薑飲料應該也很對亞洲人喜歡溫補的胃，是暢飲好選擇！各大超市、加油站或餐廳皆可買到，建議開瓶前先搖一搖讓沉澱的薑汁均勻一下；比較特別的氣泡飲料 Lemon Lime & Bitters 建議也要喝看看。跨界推出精釀啤酒系列，在 Dan Murphy 連鎖酒店可買到。

網 http://www.bundaberg.com/

新世界美酒之鄉澳洲酒為什麼那麼熱門？

澳洲葡萄酒業是世界上最大的葡萄酒出口國之一，每年有超過一半產值出口到海外市場，國內市場價值也高達 35 億美元；各州共有六十多個葡萄酒產區，南澳葡萄酒莊負責澳洲大部分的葡萄酒生產。

澳洲最大酒莊是新州延達地區（Yenda）的卡塞拉酒莊（Casella winery）和南澳格洛索普（Glossop）的貝里莊園酒莊（Berri Estates）。

主要品種有最具代表性濃郁的希哈（Shiraz）、卡本內蘇維翁（Cabernet Sauvignon）、夏多內（Chardonnay）、梅洛（Merlot）、賽美蓉（Semillon）、黑皮諾（Pinot noir）、雷司令（Riesling）和長相思（Sauvignon blanc）；各地區風格與風土有明顯區別。

澳洲葡萄酒一直以來獲得國際許多好評，最著名的奔富（Penfolds）葛蘭許（Grange）從 1962 年就開始參加比賽，多年來贏得了 50 多枚金牌。這幾年也有塔斯馬尼亞的精品氣泡酒，一瓶價值約 20 澳元的葡萄酒，甚至還有全世界第一隻超夢幻的紫色葡萄酒（Purple Reign）等。來澳洲除參觀酒莊、品酒以外，也可去酒品販售店挑幾支澳洲紅酒。

琴酒

不只葡萄酒，琴酒是澳洲最早合法生產的烈酒之一。1820 年初期，雪梨釀酒廠（Sydney Distillery）、洛斯霍巴特釀酒廠（Lowes Hobart）和布里斯本釀酒廠（Brisbane Distillery）是最早的琴酒釀酒廠。目前已有超過 40 家精釀生產銷售來自澳洲各州的

70 多種琴酒。澳洲琴酒品項齊全，有些採用倫敦辛口風格製作，具經典植物輪廓，並使用澳洲原生食材，充滿本土成分。2023 年國際葡萄酒及烈酒大賽（International Wine and Spirits Competition，IWSC），澳洲 Four Pillars「四柱」三次獲得年度國際琴酒生產商稱號，生產全球最好的琴酒。得獎過超多屆國際金獎的 Brookie's Dry Gin 我個人很喜歡，含有 25 種植物成分，其中 17 種原產於拜倫灣區域。Ink Gin 是世界上第一款全天然、變色的精釀琴酒，也非常特別，採用 13 種有機本土和傳統植物混合物蒸餾而成。

蘭姆酒

昆士蘭賓利蘭姆酒（Beenleigh Rum）近 140 年後仍在同一個河畔地點釀造，因此很自豪地擁有澳洲最古老的註冊釀酒廠稱號。使用的原料，與開始釀酒的那天一樣簡單：來自當地家族工廠的最好甘蔗糖蜜、純淨雨水來自釀酒廠旁的水壩、優質酵母、銅鍋蒸餾和定製桶熟成。最重要的是，這歲月悠久的蘭姆酒也象徵著一種澳洲精神。

威士忌

威士忌蒸餾歷史更可以追溯到 1820 年，澳洲曾是全世界第四大威士忌生產國；但二十一世紀的威士忌產業，與剛開始時相比卻大不相同。澳洲境內共有超過 300 家註冊釀酒廠在運營，其中約 50 家在市場上銷售威士忌。大多澳洲威士忌生產流程與蘇格蘭威士忌非常相似，味道卻略

釀酒廠在全球比賽中名列前茅，沙利文灣又在 2018 年和 2019 年繼續榮獲世界最佳單桶單一麥芽威士忌獎。雪梨的阿奇玫瑰釀酒廠（Archie Rose Distillery）也在 2020 年獲世界最佳黑麥威士忌獎，這一類別以前都由美國和加拿大主導。阿奇玫瑰釀酒廠的琴酒也很受到歡迎，還可以訂購個人酒標。澳洲威士忌近年來越來越受到重視，各大酒廠也相繼併購或擴大投資，2000 年後也有越來越多酒莊開放參觀，並規劃旅遊相關行程。

有不同。儘管澳洲生產的多數威士忌都是單一麥芽風格，但卻比海外威士忌有更多變化，沒有嚴格習俗或傳統來控制所生產的風格；澳洲也生產其他類型威士忌包括黑麥威士忌、小麥威士忌和混合威士忌。

　　澳洲威士忌在 2014 年流行全球，塔州的沙利文灣法國橡木單桶威士忌（Sullivan's Cove French Oak）在世界威士忌獎上，榮獲全球最佳單一麥芽威士忌獎。這是蘇格蘭或日本以外的釀酒廠，首次贏得此類獎項。澳洲威士忌持續在國際上表現出色，多家

啤酒

　　天氣大多炎熱，來杯啤酒好清爽！在澳洲也一定要點啤酒。全澳洲 436 家啤酒廠，賣的最好的啤酒有 Great Northern、Carlton Dry、XXXX Gold、Coopers、Victoria Bitter 等。譽為「澳洲非官方國民啤酒」Victoria Bitter（VB），是全國最暢銷的啤酒。精釀啤酒很受歡迎的品牌則有藍山的 Mountain Culture Beer Co 釀造的 Status Quo Pale Ale、Balter Brewing 的 XPA、BentSpoke Crankshaft IPA、陽光海岸的 Your Mates Larry 等。另外小天使（Little Creature）與 James Squires 除有賣瓶罐裝，也都開設大型啤酒食堂吸引許多人造訪。拜倫灣（Byron Bay）的 Stone & Wood 啤酒廠和雪梨的 Young Henry's 啤酒廠也是很受歡迎。各地許多的啤酒廠也有開放參觀、試飲，甚至附設餐廳。

澳洲點啤酒小技巧

1、不同州，對於不同尺寸啤酒杯説法不同。
2、不僅名稱，啤酒杯尺寸（及酒精含量）也有很大差異。在某一州可能是「標準」，在另一州可能超過「標準」。

超大杯	570ml	Pint	全澳，除了南澳
大　杯	425ml	Schooner	全澳，除了南澳稱為 Pint
中　杯	285ml	Middy	NSW 新州　ACT 首都地區　NT 北領地　WA 西澳
		Pot	NT 北領地　QLD 昆州　TAS 塔州　VIC 維州
		Schooner	SA 南澳
小　杯	200ml	Seven	NSW 新州　ACT 首都地區　NT 北領地 QLD 昆州　TAS 塔州
		Butcher	SA 南澳
		Glass	VIC 維州　WA 西澳
壺	1,140 ml	Jug	在澳洲任何地方訂購一壺啤酒，就是 1,140 ml 的容量。

芬芳咖啡仙境

媒體美譽澳洲為 Coffee Wonderland，全世界唯一的咖啡仙境。知名廣告詞「我如果不在咖啡館，便是在前往咖啡館的途中」，用來形容澳洲咖啡生活相當恰當。不管上班與否，咖啡等於就是這邊的茶飲文化。或許，很多人想起咖啡會想到義大利，但澳洲的咖啡實力在全球咖啡界上舉足輕重，不容小覷，甚至也有媒體讚譽澳洲咖啡為全球最佳的咖啡，英國媒體 Perfect Daily Grind 更點名澳洲為世界咖啡之都。

沒喝過「澳式精品咖啡」別說你來過澳洲

咖啡在澳洲是一門大生意，價值高達 60 億澳元。雖然咖啡的消費在某方面與美國和加拿大等國家相似，但偏好很大程度上是獨特的。澳洲雖也

這起源正也解釋了為什麼墨爾本咖啡地位在澳洲遙遙領先，因為墨爾本希臘人和義大利人偏多，也對咖啡講究。上一輩澳洲人，已習慣了即溶咖啡，所以不是精品咖啡的主要客群。中年人與年輕人講究、崇尚精品咖啡多過平價連鎖咖啡館如 Coffee Club 等，除了有固定個人偏愛店家以外，每天要喝好幾杯。

有少量種植並生產咖啡豆，但風靡全球的不是澳洲豆子，而是咖啡師與其烘培技術。昆州凱恩斯及新州南部等地雖有亞熱帶咖啡種植（口感中等帶堅果味），但產量少，鮮少被當地咖啡館使用。

澳洲有出色的咖啡，感謝大量多元文化人口；義大利人、希臘人、黎巴嫩人等等。在澳洲，咖啡是很認真嚴肅的生意，包括咖啡師與店員，甚至是消費者都對咖啡有熱愛與堅持。據《國家地理》報導，咖啡於 1788 年隨第一批船隊來到澳洲，但澳洲延續英式傳統的茶飲習慣，咖啡文化在近一個世紀後才形成。一開始的濃縮咖啡文化，是從義大利及希臘的移民開始慢慢傳遞，並於 50、60 年代盛行。

澳洲咖啡館有 23％左右是外帶，使澳洲成為全球第四大外帶咖啡訂單比例最高的國家，僅次於日本、美國和加拿大。可能是因為我們喜歡奶味濃的大杯咖啡，這種咖啡更需要一段時間才能喝完。在義大利，許多人在咖啡館吧台邊站著喝咖啡，義大利人往往更喜歡濃縮咖啡，可以很快喝完。相比之下，澳洲人喜歡點咖啡帶去上班，也喜歡和朋友散步時喝咖啡。疫情期間由於外出不易，咖啡機與咖啡豆的銷售瞬間暴增，很多人改成居家辦公，也因此也引響了咖啡館的生意。四分之三的澳洲人每天至少喝一杯咖啡，有些人甚至沉迷於三杯或更多。不管怎樣，對許多澳洲人來說，沒有咖啡就不算是個好日子。

小知識

在澳洲點咖啡的彈性與客製化

澳洲人點咖啡花招百出，比方說一杯澳白咖啡，除了牛奶，還有好幾種替代奶，包括豆奶、燕麥奶、杏仁奶、昆士蘭豆奶、乳糖不耐症替代奶、椰奶或是腰果奶等。無論出於健康、環境或道德原因，牛奶替代品都在增加。據估計，澳洲替代奶產業價值近 2 億澳元。由於澳洲人更喜歡奶咖啡而不是黑咖啡，因此有一系列的奶可供選擇，這是可以理解的。

除了挑奶以外，還可有特殊要求。比方說溫度更熱、微溫、多點奶泡、加巧克力醬、加熱水、加棉花糖、咖啡強度（甜度），甚至咖啡與奶的比例也可調整，或是加肉桂粉、加冰塊等，諸如此類的客製化，也讓店家叫苦連天。

之前澳洲有個郵局招募廣告，套用了上班族的台詞並應用了兩款咖啡：「跟平常一樣、三倍濃縮、杏仁牛奶、低咖啡因」（usual, triple-shot, almond milk, decaf）或是「豆奶、杏仁牛奶、迷你杯低咖啡因、雙倍濃縮短拿鐵」（Soy, almond, decaf, double short, short latte, Piccolo），諷刺澳洲人對咖啡需求千變萬化、稀奇古怪且囉唆，還執著過頭。

澳白咖啡、長黑咖啡之外的選項

住澳洲算是讓好咖啡給寵壞了！澳洲人對咖啡有各式各樣的偏好，根據調查，在購買的所有品項中，33％是拿鐵咖啡，第二受歡迎的咖啡是澳白咖啡（平白咖啡，Flat White），占所有咖啡銷售的 24％，其次是占 19％的卡布奇諾、占 8％的長黑咖啡（Long Black），只有 4％是濃縮咖啡。

澳白咖啡是澳洲獨創牛奶咖啡。

除了澳白，還有長黑與短黑（short black）；前者是美式雙胞胎，後者為義大利濃縮雙胞胎；也有瑪奇朵（macchiato）。精品咖啡店內有滴漏式咖啡（Filter），如 Pour Over V60 手沖、Cold Drip 冰滴，或是批量沖煮黑咖啡（Batch brew）。冰咖啡跟台灣不一樣，不是單純冰美式黑咖啡，大多是加了牛奶的，一些傳統澳洲咖啡館還會再加上一球香草冰淇淋。卡布奇諾也不一樣，灑的不是濃烈肉桂粉，而是讓人感到幸福的

巧克力粉。不想喝太大杯還有短笛（Piccolo），類似小杯拿鐵選項。Babyccino 則是專門給小朋友喝的奶泡，無咖啡因，通常會灑點巧克力粉，讓小朋友陪家長喝咖啡時也不無聊。

偶爾也可來杯 Espresso Martini 調酒。雪梨 Brew Lab 甚至於 2023 年還推出過最昂貴，售價高達 1500 澳元的客製化 90+巴拿馬藝伎咖啡。除了精品咖啡厲害以外，在多元文化的影響下，希臘咖啡、越南冰咖啡或抹茶咖啡等也越發普遍。

如果聽到有人點「Magic 魔法」也別驚訝！的確有魔法咖啡，通常聽

到 Magic 就會知道，應該是墨爾本人才有這樣自豪的特殊口味。從技術上講，這是兩杯里斯特雷托（ristretto，一種比濃縮咖啡更濃的咖啡），配上四分之三的澳白咖啡，是口味偏酸的魔法咖啡。

澳白咖啡，又稱平白咖啡、馥芮白

現在全世界知名的「馥芮白」，在中國又稱芙芮白咖啡，亦稱平白咖啡，而澳洲媒體稱為「澳白咖啡」，也是個人覺得最合適的名稱。咖啡師艾倫・普雷斯頓（Alan Preston）在 1985 年從老家北昆士蘭把這個「奶咖」帶到雪梨並創造了 Flat White 這詞。所以嚴格來說，澳白可是起源於昆士蘭！而且在國際間有越來越紅的趨勢。目前 Google 甚至在 3 月 11 日特在首頁慶祝 Flat White 並設計專有搜尋。

澳白咖啡幾乎是跟拿鐵一模一樣的咖啡容量，正規拿鐵用玻璃杯，但澳白用陶瓷杯，減少了奶泡，突顯出濃縮咖啡的香氣，但仍帶有絲絨般柔順好入口的表面奶泡；這就是澳洲人

熱愛的牛奶咖啡喝法。台灣這幾年也有澳白咖啡的蹤影，更是國際咖啡界人氣選項，世界各地精品咖啡館或連鎖咖啡都把澳白咖啡列入菜單。下次想點拿鐵時，換一下試試澳白吧！這款咖啡據說全球一年業績高達 40 億美元，算澳洲最成功的美食外銷。

澳洲咖啡影響全世界

澳洲咖啡文化到底是如何演變成今日如此興盛的地位？印象中大約是

2011 年，澳洲咖啡開始在海外大放異彩之時，轉捩點始於英國倫敦。

在這之前，英國咖啡文化應該被大型的連鎖，包括星巴克及當地的咖啡館占據，比如 Costa Coffee 或以 Caffe Nero 為主。但在這之後，許多來自澳洲和紐西蘭的咖啡師，開始陸續在倫敦開業，此舉也震盪了整個倫敦咖啡氣象。其中獲媒體大肆報導的，便是墨爾本的 St Ali 在倫敦開設的分店。當時，在倫敦的澳洲咖啡館很受歡迎的還有 Soho 的 Flat White 和 Kaffiene。這些歐洲的澳式咖啡館以獨特瀟灑不羈的風格，原汁原味呈現屬於澳洲獨特的咖啡文化（還記得，當時我在英國的朋友也特地在當地品味了澳洲咖啡）。火紅的不僅僅是澳洲獨特的澳白與長黑咖啡，就連

咖啡館內的澳式早餐風味，也一併受歡迎。咖啡店除了經典澳式大早餐（Aussie Big Breakfast）與班乃迪水波蛋之外，還有澳洲人最愛的酪梨吐司（Avocado Toast）。英國一直到現在仍然對澳洲文化有巨大影響，因此，也或許是因為倫敦人對澳洲咖啡的肯定，讓澳洲當地也開始對自己的咖啡更感驕傲，並高歌讚頌，同時也講究了起來。

2015 年澳洲坎培拉的 Saša Šestić，在美國西雅圖贏得的世界咖啡師冠軍，讓人驚訝不已，也才發現原來澳洲咖啡真的很厲害；不僅僅是墨爾本，就連坎培拉也能培養出世界冠軍。這之後，澳洲咖啡影響的海外市場已不僅僅是英國倫敦。同年，美國星巴克也開始把澳洲的平白咖啡放上了咖啡選項中。澳洲知名品牌也陸續開始前進海外，例如 Campos Coffee、Toby's Estate、Vittoria 等品牌開始進軍美國市場，雪梨的 Single O 在日本東京也有兩間直營店（預期 2024 年還會新增三間）。墨爾本的 St Ali 不僅在印尼與菲律賓開分店，2024 年也受邀來台開快閃店。

許多來澳洲打工度假的年輕朋友們，對於喝咖啡或是嚮往開咖啡館的人，會利用前來澳洲的時間，跑遍品味澳洲各城市的知名咖啡館，他們也把獨特澳洲咖啡文化引進回台，因此台灣也有好幾間澳洲風格的咖啡館。

或許，以全球的咖啡消費量來説，澳洲人均咖啡消費量並非名列前茅，

比較起義大利，也或許不那麼有歷史淵源。但不可忽視的是，澳洲咖啡文化影響著全世界，沒有喝過澳洲咖啡，千萬別說來過澳洲，因為「平白來了！」

美人魚上不了岸，澳洲成為星巴克滑鐵盧之地

澳洲人對咖啡有根深蒂固的習慣，大概也是第一個讓星巴克碰壁的市場，除展店不順、生意清淡以外，2008 年星巴克更收掉澳洲七成以上的分店，而且是唯一必須大幅縮編的市場。

澳洲人根本就不想購買星巴克咖啡。有人說，這是因為澳洲人根本不想要不好或太普通的咖啡，星巴克產品和澳洲偏愛的咖啡，有非常明顯的差異。澳洲人不喜歡糖漿口味的美式沖泡咖啡，更喜歡以濃縮咖啡為基礎的飲料，如澳白咖啡或卡布奇諾這些更基本的飲料，也很在意精心準備的優質咖啡豆。從經營、定位、價錢和習慣等，都影響了星巴克在澳洲的成敗，這個慘痛經驗也成了市場學知名的重要案例教材之一。

澳洲九成咖啡館都是獨立品牌，也偏愛好獨立咖啡館，而不是像星巴克這樣的連鎖店。義大利和希臘移民普及了濃縮咖啡，澳洲很早就擁有了濃厚的咖啡文化。即使後來星巴克捲土重來，但在各大城市也僅有零星旗艦店。星巴克在澳洲雖然不像在美國般受歡迎，但許多人仍然會光顧這些連鎖店，因為它營業時間較晚，便招攬到那些喜歡晚上喝咖啡的客群，如亞裔學生。所以才說：星巴克的美人魚在澳洲不如其他海外國家，處處有分店。

3

澳洲蓬勃藝術

澳洲藝術，講述了屬於這個國家的不同故事及獨特的大自然風光，包括受歐洲現代主義、當代藝術影響的原住民、殖民地、風景為靈感之創作。有傳承自原住民的本土情懷，也有反映當代澳洲面臨的衝突的作品，像是環境問題、與城市環境的決裂等前衛創作。澳洲藝術如萬花筒般繽紛多樣，反映出當代澳洲多元文化之風情。

澳洲藝術概觀

原住民在視覺藝術方面有著最古老悠久的傳統，從岩石藝術、樹皮畫、沙雕、木雕和身體裝飾如彩繪等，都能看出。BBC曾於2021年

報導科學家發現了澳洲已知最古老的完整原住民岩畫，是位在西澳 Balanggarra 鄉村一處岩石庇護所天花板上的岩畫。這幅袋鼠岩畫長達兩公尺，距今已有 17,300 年的歷史，有著很多特別的符號和色彩，相當具有澳洲風味。畫作中的符號或象徵相對神聖，一般人不能隨意碰觸或靠近描繪，需要特別申請許可。澳洲前總理保羅・基廷（Paul Keating）就曾說過：「原住民藝術有效詮釋了整個文化和對整個大陸的理解，越是透過原住民的視角來解讀澳洲，透過體驗他們漫長且史詩般的描繪，就越能了解我們共享的土地。」

後來歐洲移民的到來，也讓藝術開始有更多發展，包括十九世紀末澳洲印象派風格，如海德堡畫派（Heidelberg）開始並推動的澳洲藝術現代化。在聯邦早期，海德堡畫派仍多著墨於澳洲的地貌風景；澳洲的土地景觀獨特且遼闊，在色彩上有很顯著的風格。直到 1980 年後，許多藝術家開始從獨特的後現代美學中脫穎而出，探索國際當代性主題、全球化、非殖民化和大眾媒體主題，推動澳洲藝術進入國際市場。

澳洲藝術市場自 1995 年起更是蓬勃發展，技術進步及藝術博覽會、雙年展推動了這一繁榮景致。收藏家們

也開始關注攝影、裝置藝術和錄影（錄像）等年輕藝術家的作品。同時期，新興的當代原住民藝術也獲國際認可。此外，當代原住民藝術家探索了文化主題，並將祖先夢幻時代的神話轉變為象徵性的抽象繪畫。收藏家和博物館更開始積極大量收集當代原住民作品。

澳洲藝術學院

據雪梨圖書館記載，澳洲國家藝術學院（The National Art School）是現存最古老藝術院校之一，因曲折且複雜的歷史，最早可追溯到 1833 年建立的雪梨機械藝術學院（Sydney Mechanics' School of Arts）；一直是雪梨藝術界中心，培養了一代又一代的藝術家。

藝術系第一位導師是流亡的法國人呂西安・亨利（Lucien Henry），1871 年巴黎公社期間被判死刑，刑期減免後流放七年，於 1879 年抵達雪梨。亨利曾在巴黎美術學院（Ecole des Beaux-Arts）受訓，並將該校的許多要素帶到雪梨藝術學校，教授徒手繪畫、設計和建立模型。學校後

改為為雪梨技術學院，直到 1935 年才列在「藝術系」之下，並出現在學校介紹手冊中。後來在新導師英國雕塑家霍夫（G Rayner Hoff）的教導下，澳洲藝術開始有多樣化的發展，也培養了許多知名藝術家與藝術導師；1938 年也成立了當代藝術協會。但隨著霍夫的逝世，學院再次消失匿跡，直到 1956 年才又開始有活動。這是以女學生為主的發展，包括了相當知名的藝術家瑪格麗特・奧利（Margaret Olley）等人。1975 年初，美術系納入了雪梨的一所新的高等教育學院——亞歷山大・麥基學院（Alexander Mackie College），最後演變為如今的美術學院（College of Fine Arts COFA）。

澳洲另一所知名的朱利安阿什頓藝術學院（Julian Ashton Art School），是朱利安・阿什頓（Julian Rossi Ashton CBE）於 1890 年成立，當時稱為雪梨藝術學校（Sydney Art School），也是澳洲最古老仍在經營的美術學校。學校風格始終如一：「藝術本身就是藝術的語言」；不從事任何學術分析，著重於學院派技巧。

主要美術館、藝廊

旅行時，建議至少要安排一天去參觀當地的美術館或是博物館，接受文化薰陶，了解更多當地的歷史文化、特色與景觀。澳洲各大州都有州立美術館與博物館，主要的常設展都能免費參觀，特展則通常需要付費；另外還有私人藝廊。

坎培拉

首都堪培拉有澳洲國立博物館（Australian National Museum），展示了自然、人類學和歷史藏品，介紹了 50,000 年的原住民遺產、自 1788 年以來的殖民發展，包括聯邦及 2000 年雪梨奧運會等重大事件。收藏有世界上最大的

原住民樹皮畫和石器收藏、冠軍賽馬 Phar Lap 的心臟，以及澳洲霍頓汽車（Holden）1 號原型車。澳洲國家美術館（National Gallery of Australia）也是最大的美術館之一，收藏有超過 166,000 件藝術品。有名的館藏有傑克遜 · 波洛克（Jackson Pollock）的著名〈藍桿〉和西德尼 · 諾蘭（Sidney Nolan）的內德 · 凱利（Ned Kelly）系列。

墨爾本

個人很喜歡墨爾本市區旁，每年都有很精彩的大型國際展覽的維多利亞州立國家美術館（National Gallery of Victoria），其歷史可追溯至 1861 年，是澳洲最古老的藝術博物館。美術館又分為兩個主要建築，主建築 NGV International 收藏了全世界的國際藝術作品，自 1968 年開業以來，藏品總量增加一倍，達到 70,000 多件藝術品，是真正的標誌性建築；尤其是經過重新裝修設計後，更呈現出南半球最令人印象深刻的收藏品。第三個展館 The Fox: NGV Contemporary 預計 2028 年開放，並將成為澳洲最大的當代畫廊。

維多利亞博物館（Museums Victoria）是澳洲最大的公共博物館組織，管理包括墨爾本博物館、Bunjilaka 原住民文化中心、移民博物館，以及世界上現存最古老的展覽館之一的皇家展覽館等。另外，墨爾本市政廳內的城市畫廊也常有特展。

雪梨

新州美術館（The Art Gallery of New South Wales）是澳洲旗艦藝術博物館之一，收藏、保存、記錄、解釋和展示澳大利亞和國際藝術。2021 年慶祝成立 150 週年，並於 2022 年完成了重大擴張 Naala Nura「看這個國家」的新區域。

雪梨的當代藝術博物館（Museum of Contemporary Art MCA）位置無與倫比，坐落在環形碼頭，俯瞰雪梨歌劇院，離海港大橋僅幾步之遙。創新空間展示了國際和澳洲藝術家作品，屋頂咖啡館也可欣賞一覽無遺的雪梨港景色。

布里斯本

布里斯本南岸的昆士蘭美術館／現代美術館（Queensland Art Gallery ／ Gallery of Modern Art QAGOMA）是南半球很重要的藝術標竿。收藏來自澳洲和世界各地的 20,000 多件藝術品，集合各種可以想像的媒材。GOMA 現代美術館 2006 年才落成開幕。附屬的兒童館區域每次挑選的主題與互動也都非常用心。館外還有顆菩提樹，能幫助人沉思、找靈感。GOMA 舉辦亦承辦過許多非常成功的展覽，例如國際知名當代藝術家蔡國

強的首次澳洲個展。2021 展出的「紐約大都會藝術博物館（MET）的「歐洲傑作」，更是好評如潮，尤其許多畫作更是史上首次外借、出國獨家舉辦的展覽，印證其最高水準視覺藝術活動中心的聲譽。

布里斯本博物館（Museum of Brisbane MOB）位於市府建築內，有很多城市歷史相關的藝術作品。昆士蘭博物館庫裡爾帕（Queensland Museum Kurilpa）以昆士蘭區特有科學、文化和自然歷史展覽為特色，包括很有名的恐龍化石。黃金海岸 HOTA Home of the Art 是新的藝術好去處，耗資 6 千萬澳元興建，於 2021 年開幕，是澳洲主要城市以外最大的公共畫廊。

北昆湯斯維爾還有非常特別的水下藝術博物館（Museum Of Underwater Art Moua MOUA），有數十個水下藝術陳列，包括擁有金氏世界紀錄最大水下藝術結構的珊瑚溫室、海洋哨兵（Ocean Sentinels），以及斯特蘭德長廊的海洋海妖雕像等。這些主要美術館與博物館都各具特色，附屬的商店通常也都是購買當地工藝品的最佳地方。

私人藝廊

除了美術館，也有值得參觀的私人藝廊。墨爾本成立二十多年的 Outré 畫廊代表許多新當代與原創藝術品。雪梨馬車工廠（Carriageworks）當代多元藝術中心，由藝術家主導的計畫反映了多元化社區。奧爾森當代藝術畫廊（Olsen Gallery）代表約翰‧奧爾森（John Olsen）等知名藝術家和新興藝術家；畫廊創辦人蒂姆‧奧爾森（Tim Olsen）也是約翰‧奧爾森的兒子。雪梨的當代藝術畫廊（N.Smith Gallery），代表的藝術家風格都很有特色。在雪梨與新加坡都有藝廊的 Ames Yavuz，旗下代理好幾位獲美術館收藏的藝術家作品，如 Abdul Abdullah 與 Patricia Piccinini。白兔畫廊也很有意思，業主朱迪思‧尼爾森（Judith Neilson）1990 年首次訪問北京後受啟發，開了這位於齊彭代爾（Chippendale）離唐人街僅幾步之遙的畫廊，展示中國當代藝術收藏。

布里斯本的菲利普貝根畫廊（Philip Bacon Galleries）已成立 50 年，其藏品豐富包括最具收藏價值

的二十世紀和當代藝術家等作品。Birrunga 畫廊與餐廳是當地唯一由原住民擁有並經營的商業藝術中心，展示創始人兼首席藝術家 Birrunga Wiradyuri 的作品與新興和知名原住民藝術家的作品；所有作品都講述了原住民過去和現在的複雜故事。

藝術酒店

澳洲還有很有意思的藝術系列（Art Series）酒店，成立於 2009 年，由四星級和五星級酒店及住宅組成。

從 Art Series Hotel Group 之後轉手出售給住宿營運商 Mantra Group 經營。旗下藝術飯店包括了墨爾本的 The Cullen、The Olsen、The Chen、The Larwill Studio、布里斯本的 The Johnson、南澳的 The Watson 和珀斯的 The Adnate；每個飯店都有其代表藝術家。維州的 Pt Leo Estate 酒莊更是澳洲最重要的私人雕塑公園，戶外畫廊展出了 Deborah Halpern、Bruce Armstrong、Dean Bowen 和 Reko Rennie 等澳洲藝術家 60 多件藝

術品，還有國際藝術家包括 Kaws、Jaume Plensa、Julian Opie 和 Antony Gormley 的收藏品。

主要藝術展與活動

無論雕塑、畫作、攝影還是紡織品，澳洲藝術展覽中總有迎合不同人的喜好。活動也是推陳出新，總讓人耳目一新、目不暇給，而且流連忘返。

雪梨雙年展於 2024 年迎來第 24 屆，是同類中規模最大的當代藝術活動；分佈在數個不同地點舉辦。彙集來自全世界當代的代表作品，非常有口碑。GOMA 主辦的亞洲當代藝術三年展（Brisbane Asia Pacific Triennial of Contemporary Art）也是亞太最重要的展覽之一，聚焦區域的代表創作，能看到亞太區多元的藝術風貌。墨爾本 NGV 三年展也是舉足輕重的藝術展，透過 120 位全球當代實踐前沿的藝術家集體的作品，是呈現當代藝術概述的最佳廣角鏡。

以肖像畫為主的阿奇博爾德獎（Archibald Awards）也是當地藝術家最嚮往的肖像獎，同時展出的還有韋恩獎（Wynne and Sulman Prizes）和蘇爾曼獎及青年組的作品；每年作品還會跨州展出。另外布里斯本肖像獎（Brisbane Portrait Prize）也是當地主要獎項；肖像獎涵蓋了畫作、攝影與多媒材作品，近來也有條件接受 AI 繪圖。不同媒材，讓獲得獎項更加不易。

墨爾本藝術博覽會（Melbourne Art Fair）已舉辦超過 35 年，始終啟發著畫廊、藝術家與商業的關注，每年都吸引許多藏家參與。其他也有大大小小的藝術展，表演藝術節及巡迴展覽等。

另外，澳洲也有很多街頭藝術，各大城市都有充滿著青春活力的大型塗鴉牆，最有名的像是墨爾本，就有相當多巷弄藝術，包括 Hosier Lane 與 AC／DC 巷弄等。還有海邊雕術藝術展，甚至電影節等活動。這些展覽是探索當代藝術趨勢，感受文化及藝術家展示的最佳平台。

小知識

代表性藝術家

澳洲藝術的先驅

第一位常駐專業藝術家是出生英國的 John Lewin，1800 年抵達澳洲出版了兩卷自然歷史藝術作品，許多插圖都是澳洲本土植物與本土鳥類。更早之前也有航海家、罪犯藝術家隨筆描繪澳洲動植物與土地。亞瑟·歐內斯特·斯特里頓爵士（Sir Arthur Ernest Streeton）是澳洲重要的風景畫家，也是澳洲印象派海德堡畫派（Heidelberg）主要成員。作品展現了澳洲大自然的美麗，如藍山區域的山川與湖泊，以及雪梨港風景等，被視為澳洲藝術的先驅之一。

民間的民族英雄

西德尼·諾蘭（Sidney Nolan）充滿活力的現代主義繪畫，尤其《盔甲騎士》對民族英雄內德·凱利（Ned Kelly）和他叢林盜賊夥伴的描繪，鞏固了凱利在澳洲民間傳說中的地位，以及諾蘭自己在國家藝術界的崇高地位。

夢遊仙境的查爾斯

藝術家查爾斯布萊克曼（Charles Blackman OBE），多達 40 多幅畫組成《愛麗絲夢遊仙境》系列非常知名；其愛妻芭芭拉患有漸進性失明，愛麗絲系列也與芭芭拉自身經歷相呼應，是布萊克曼為芭芭拉畫的作品。憑藉大膽色彩，他為愛麗絲的想像之旅賦予更豐富的意象，那些既有趣又令人不安的圖像代表著「任何可能發生的事情」，總讓人想像無限。

當代代表性藝術家

弗雷德·威廉斯（Fred Williams）、約翰·布拉克（John Brack）、拉塞爾·德賴斯代爾（Russell Drysdale）和約翰·奧爾森（John Olsen）也都是澳洲代表性藝術家。佳士得則認為布雷特·懷特利（Brett Whiteley）或許是澳洲有史以來最偉大的藝術家；以抽象和象徵主義為主要創作風格，獲得多項獎項。他 1960 年的《無題紅色繪畫》（Untitled Red Painting）獲得泰特美術館（Tate）購買，成為該畫廊有史以來購入的最年輕藝術家。2020 年，作品《亨利的扶手椅》（Henri's Armchair，1974 年）以 610 萬澳元價格售出，打破了澳洲最昂貴畫作拍賣紀錄。其他還有年輕一代的藝術家 CJ Hendry、Michael Zavros、Ben Quilty、Tony Albert 等，在國際上都很有名。

Part 3 向澳洲出發：
行前 10 大攻略

旅行要順暢，功課是該做的！本章集結了行前所需要的 10 大重點，濃縮了實用訊息與建議，希望能幫助大家節省時間和精力。也別忽略提出的注意事項，要避免可能的危險與麻煩，沒有什麼比「開心出門，平安回家」更重要了！

攻略 1 · 基本資料

布里斯本、黃金海岸位於澳洲東北角的昆士蘭，是距離台灣最近的澳洲一州（省分）。面積為澳洲第二大州，人口位居第三。從面積比較，約比日本大五倍，比台灣大約五十倍。首都城市為布里斯本，也是澳洲第三大城市。

大家對昆士蘭幾個國際知名區域皆可朗朗上口，包括了：黃金海岸、凱恩斯、大堡礁與哈密頓島等，卻往往忽略了這些令人嚮往的景點全座落在昆士蘭州。昆州經濟近年來持續增長，遷入居民人口也逐年攀升。各地而來的遊客人數不論是自由行或是團體行，也始終相當踴躍。

氣候

布里斯本、黃金海岸一帶的氣候介於熱帶到亞熱帶，冬季平均溫度 15 度，夏季平均溫度 25 度。早晚溫差較大，冬天往往也有更明顯的差異。以往，因為一年當中有超過 300 天皆豔陽普照，最常被美譽為陽光之州。不過近年來氣候暖化影響，偶爾也會碰到雨下個不停的鬱悶天。

昆士蘭州象徵

官方代表	州旗與州徽
州花	庫克鎮蘭花（Cooktown Orchid）
動物圖騰	無尾熊
水族圖騰	大堡礁的小丑魚（Anemone）
代表寶石	藍寶石
代表顏色	栗紅色（maroon）

四季分布

南半球季節	月份
夏	12 月～ 2 月
秋	3 月～ 5 月
冬	6 月～ 8 月
春	9 月～ 11 月

行前準備

到澳洲旅遊，需攜帶的重點物品包括防曬用品、防蚊液、太陽眼鏡及輕鬆衣物。通常冬天時候早晚溫差較大，建議洋蔥式穿搭法。這邊太陽公公雖感覺很親切，但紫外線卻很傷肌膚，因此防曬必備。建議防曬油、帽子及太陽眼鏡皆不可少，尤其開車時最好戴上防 UV 太陽眼鏡。到海邊玩耍時也建議攜帶夾腳拖鞋與行走布鞋。若有安排參加正式的活動，如觀賞歌劇等，別忘了準備較為正式的洋裝、西裝與皮鞋等。

前往山區、海島或在夏天炎熱時，皆建議事先準備防蚊液或是蜂膠、木瓜霜，被蚊蟲咬後可消毒殺菌。郊外野生動植物種類繁多，遇到蜘蛛、蝙蝠、螞蟻、澳洲野狗 dingo 或其他不明動植物等，都建議不要隨便逗弄或食用。

攻略 2・簽證、台灣直飛班機

簽證

一般台灣護照（與其他符合澳洲電子旅遊簽證資格的護照）持有者，可透過手機應用程式 Australian ETA，申請澳洲電子簽證（ETA）到澳洲觀光、探親、做商務旅行。申請電子簽的手機應用程式，可從蘋果商店或安卓商店免費下載。必須為本人，需要使用手機拍攝照片驗證，應用程式為全英文。若使用 APP 應用程式為主要申請方式，整個過程也得透過它處理與審核。核准過程可短至幾分鐘，或在 12 個小時內就可審查完畢。通過申請後，將收到一個收據號碼做為簽證的憑證。

無法使用 APP 應用程式的觀光旅遊訪客，也可線上申請 IMMI 帳號來辦理電子觀光簽證；電子簽證也可由台灣核可的旅行社協助辦理。要特別注意的是，由於澳洲簽證處在台北沒有辦公地點，所以所有簽證相關的問題最好諮詢旅行社。

澳洲辦事處・台灣官網，最新簽證資訊（請優先參考）

🌐 http://australia.org.tw/tpeichinese/Visas_and_Migration.html

網路申請電子簽證

🌐 https://immi.homeaffairs.gov.au/visas/getting-a-visa/visa-listing/electronic-travel-authority-601#HowTo

---

布里斯本	雪梨	墨爾本
華航、長榮	華航	華航
約 8 小時	約 9 小時	約 9 小時以上

其他轉機航班

亞洲經香港或新加坡,也有頻繁班機來回昆士蘭,幾家廉價航空公司,如酷航(Scoot)或是亞航(Air Asia)等通常有優惠機票。中國南方航空、中國東方航空與海航等,也有直飛班機從中國主要城市至布里斯本。昆士蘭亦有完善的內陸航空網,營運航班包括 Qantas、Virgin、Jetstar 與 Rex 等。

直飛班機

昆士蘭為澳洲與亞洲交流的重要門戶。目前從桃園機場往返布里斯本,每週有華航與長榮的直飛班機。境外的澳洲航空與荷蘭皇家航空,也有直飛澳洲的航班。華航有直飛雪梨與墨爾本的班機。長榮航空剛慶祝「布里斯本─台北」直飛航線 30 週年慶;華航也是開航 20 年。感謝這些直飛航線,讓旅行安排都變得更方便親切許多。

攻略 3．貨幣、電壓、網路與電話

貨幣

　　台灣並不是每個銀行都可以兌換澳幣，目前可以兌換澳幣的有兆豐銀行、台灣銀行、第一銀行、土地銀行、台新銀行與玉山銀行。澳洲物價對比台灣較高，因為當地收入也比較高。依照旅行需求，先做一下計畫才知道需要帶多少盤纏。大部分澳洲人較少

帶很多現金在身上，因此大部分商家、餐廳與咖啡館等都能接受信用卡（Visa、Master 為主，聯銀卡和 JCB 是透過美國運通合作），有些商家如使用美國運通卡需要加收手續費。

　　澳幣的貨幣，分別有紙鈔 100 元、50 元、20 元、10 元、5 元，以及金色硬幣 2 元、1 元和 50 分、20 分、10 分、5 分的銀幣。有時會拿到金幣和銀幣，是特殊紀念版本，仍可流通使用。

小知識

澳洲塑膠鈔票

1988 年澳洲是第一個引入塑膠紙幣並流通的國家；1995 年聯邦科學與工業研究組織（CSIRO）開發出世界上最先進的光學鈔票，以及旅行支票的防偽技術。

電壓

　澳洲電壓為 240V，台灣電壓為
110V。插頭形式不同，澳洲是呈八字
形。由於電壓不同，所以很多從台灣
帶過去的電器在澳洲是無法使用的，
會燒壞。大部分的電子用品如電腦、
數位相機、手機等，在充電器背面若
有標明電壓範圍可以到 240V 就可直
接使用轉換插頭充電。要注意，有些
電子用品是需要變壓器才能使用。

Wi-Fi 與數據網路

　澳洲網路速度一直被嫌太慢，而
且價格昂貴，主要原因之一是其廣闊
的地理範圍。城市之間距離遙遠，內
陸地區人口稀少，使得鋪設光纖和其
他關鍵基礎設施具有挑戰性且成本高
昂。人口密度不足，市場競爭有限。
不過澳洲國家寬頻公司也積極推動澳
洲光纖升級計畫，5G 速度在全球排
名來說，其實算相當快速。

　澳洲主要的電信公司有 Telstra、
Vodafone 和 Optus，均 有 4G 與 5G
有限區域方案，選項也有數據吃到飽
方案可以進行比較。目前正在澳洲各

地擴展其 5G 網路，當然涵蓋率與穩
定率還是以最主要的電信公司 Telstra
為主。

　一些咖啡館、餐廳和其他公共場所
提供免費無線網絡，但可能因地點而
異。澳洲的許多城鎮在某些區域，如
公園、廣場和旅遊景點提供免費公共
Wi-Fi。另外也可使用 Telstra Air 熱
點，各地支援 Wi-Fi 的粉紅色公用電

話亭，都有免費上網服務等。或用手機熱點，或以 eSIM 等方式自在上網。

Telstra
網 https://www.telstra.com.au/mobile-phones/prepaid-mobiles/offers-and-rates
Vodafone 網 https://www.vodafone.com
Optus 網 https://www.optus.com.au/prepaid/sim-plans

上網卡與打電話

手機若需要通話可購買預付卡，目前也有 eSIM 虛擬預付卡選擇。在電信公司官網都可查詢到涵蓋範圍（Coverage）訊息及預付卡方案（Prepaid Card）。

澳洲主要電信公司都提供預付上網方案。上網卡分別有包含行動電話通話（Mobile Sim），或是用於平板電腦不包含通話的預付卡（Tablet Sim 或 Prepaid Mobiles Boardband），也有其他短期，或是按日扣款與純數據流量卡（Data）等不同選擇。除了主要的電信公司，也有其他獨立的公司販售短期上網卡。

上網卡也可透過網路，如 Kkday、Klook 等或部分旅行社，事先在出國前購買。抵達澳洲後，在機場及電信公司門市或 Newsagent 報紙雜誌攤位（門市）等都可購買。台灣的中華電信等公司也有提供短期慢遊優惠專案，大家可以事先以最適合自己的方案比較選擇。

Telstra Prepaid Card
網 https://www.telstra.com.au/mobile-phones/prepaid-mobiles/mobiles-and-starter-kits#!/filter/brand//os//features//type/simstarterkit/sort/featured
Optus Prepaid Card
網 http://www.optus.com.au/shop/mobile/prepaid
Vodafone Prepaid Card
網 https://www.vodafone.com.au/prepaid

攻略 4‧時差、物價、消費與其他

時差

　　昆士蘭與台灣時差為兩個小時，統一使用「澳洲東部標準時間」，也沒有夏季日光節約時間（10 月～3 月雪梨、墨爾本有夏季日光節約時間）。在亞洲與昆士蘭往返，因為時差短很容易適應。關於雪梨、墨爾本等地的時差説明，請詳見前方章節第 21 頁。

物價

　　這幾年物價高漲，不僅僅是澳洲也是全球趨勢。由於澳洲的平均基本薪資比台灣較高，所以澳洲會覺得物價較貴是正常的。雪梨是澳洲城市中生活成本最高的，布里斯本與墨爾本差不多，相對之下比較低。根據經濟學人智庫（EIU）2023 年的報告，雪梨被評為全球生活成本第 16 位，仍保持著澳洲居住成本最高城市地位，租金和房價更創歷史新高；墨爾本排名

第 26 位，布里斯本則位於第 51 位。

　　在澳洲，一份麥當勞大麥克套餐約為 13.6 澳元（約台幣 300 元）。一般咖啡館小杯的拿鐵或澳白咖啡約為 4.6 澳元（約台幣 100 元），一碗拉

麵則約為 17 澳元（約台幣 380 元），一個肉派約為 8 澳元（約台幣 176 元）。相比其他城市，如新加坡、香港或是紐約，澳洲倒不是那麼昂貴。然而房價、水電費、交通成本與食品價格都大幅上漲的今日，澳幣匯率浮動較快也較大，若有預計赴澳洲，也建議先參考匯率提早兌換。

小費、服務費

餐廳、咖啡館或飯店在平日，大部分是不加收服務費的。因為週末工資成本實在太高，所以有些餐廳和咖啡館開始在週末的時候加收服務費。公定假日時，餐廳和咖啡館會在告知顧客情況下，合法收取約 10 至 20％ 不等的加成服務費。

小費不是強制性的。在高級餐廳或餐廳，有時服務生會在使用信用卡刷卡時，詢問你是否要輸入小費。較新的刷卡機也提供自選小費選項，從 5 至 25％ 不等，顧客可依當天的服務給予表揚，比方說在高級餐廳消費時，當地人仍會依服務滿意度給予 10 至 15％ 的小費。

若有使用包廂，通常也表示有較多服務，因此也可以給小費感謝。有些咖啡館也會放小費罐，如果願意可給些零錢小費。在飯店如果想要給小費也可放在枕頭上做為酬謝，行李員或司機也是依照每個人的狀況，可給予小費。這些小費都是自願提供，沒有習俗或務必給予的規定。相比其他國家，澳洲的服務態度跟文化一樣都比較隨性、輕鬆、散漫一些。

攻略 5‧入出境與退稅的注意事項

飲水

澳洲有世界上最嚴格飲用水監管體系之一，並制定了 250 多項準則來確保自來水可安全飲用。澳洲水為硬水，原則上主要大城市的自來水，包括公園飲水器等都是可飲用的，都符合飲用標準。但有些地方可能由於水管老舊等因素，水喝起來會有生水味道；但也有標準與美國不同的討論，因此澳洲政府也密切偵測監督。建議若是腸胃較為敏感的朋友，出門在外還是建議飲用過濾水或瓶裝水。許多餐廳跟住宅也都有安裝過濾水系統，可詢問一下。

通常點餐前，餐廳會問說要自來水（Tap Water）還是礦泉水（Still），或是氣泡水（Sparkling）。由於自來水不需要另外付費，因此有時當地的人會把自來水故意叫得高雅些，例如暱稱 Brisbane Water，在雪梨就是 Sydney water，不讓人覺得是在喝免費水。

入境時禁止攜帶

澳洲海關是出名嚴謹，因此申報必須要確實。由於澳洲是島國，因此政府相當保護當地生態環境、天然動植物與農業發展，並預防流行感染病的侵襲，所以在審查入境物品也就更佳小心。

基本的自動刀、電擊棒、伸縮棒、雙節棍或槍枝等，屬於違禁品是絕對不可以進到澳洲。其他禁止攜帶的物品，如肉類、水果等千萬不要嘗試闖關。

尤其填寫申報單一定要如實作答，尤其申報單有中文版，因此不存在不理解意思的空間。不確定可不可以攜帶的物品，比方說藥物或是食品，都寧可申報。如果攜帶中藥材、茶葉等也要申報，藥材包上最好要有英文名稱。

若有禁止攜帶入關的物品，有的會被海關扣留、銷毀，或是有的可在出關時再提領帶回。前提是必須要申

報！海關有權利開啟所有行李與物品以利檢查，所以大家也別覺得海關是在找麻煩。

安檢時依照不同申報與抽查，可能會過 X 光機、人工逐一檢查，或是請緝毒犬聞行李箱。申報不實是違法行為，需要面對嚴重罰金與法律制裁，惡意欺騙隱瞞海關都可能會面臨刑責。最嚴重的到遣返回國，或是坐牢都有可能。

禁止攜帶物品等資訊
網 https://www.abf.gov.au/entering-and-leaving-australia/can-you-bring-it-in

關於退稅

在澳洲購物，大部分的物品都會酌收約 10％的商品服務稅（GST Goods service tax）。澳洲退稅方案（Tourist Refund Scheme TRS），就是讓外遊客可享用免稅福利。商品金額必需在同一商家一次，或是多次購物累積有效發票金額達 300 澳元以上。最好在購買時就先跟商家提醒說要辦理退稅，超過一千元澳幣金額者，會需要在發票上加入護照上名字與通訊地址。

需退稅的朋友可透過手機下載 TRS 的 APP，事先把發票資料輸入好，就能減少當場核對的時間。但不管是否使用電子方案，最好在離境當天提早抵達機場辦理，退稅櫃檯在登機前 30 分鐘就會停止受理。若是需要托運的商品，可在辦理登機手續前，先到退稅辦公室，讓海關人員先檢查並蓋章後，再去辦理登機與托運手續。高單價商品如精品皮包、手錶或珠寶等，會要求隨手攜帶上機，並通過登機手續與過安檢後才去辦理，以確定物品確實有帶出境。

有時候退稅海關人員不在現場，就要在現場自填表格後，與收據一同放入信封（不要封口）後，依照提供的資料辦理。擔心沒收到退稅或是需要收據的朋友，建議複印或是用手機拍下相關的收據，以便日後核對，收據通常會在退稅手續處理好後，才郵寄到提供的地址。

退稅退款可選擇信用卡、支票，或是澳洲銀行帳戶。退稅通常會在 1 至 2 個月內才完成核對，此較晚收到退款不要緊張。如購買可事先退稅免稅商品，到機場過了安檢後，記得務必把表格給相關人員。退稅的時候也要照實填寫申請表，不要因一時的便利而導致日後遭限制入境的窘境。

澳洲退稅
🌐 https://www.abf.gov.au/entering-and-leaving-australia/tourist-refund-scheme

攻略 6 · 基本禮儀、急難救助、實用官方資訊

注意禮儀

澳洲是個多元文化社會，出國到澳洲人的地盤，想說中文最好小聲，並尊重當地文化。公共場合說話不要喧嘩。尤其講手機時最好小聲些。許多澳洲人都有學習第二語言，因此別認定澳洲人聽不懂中文。

遵守澳洲人的禮儀

1 打嗝請別出聲音，在澳洲是會失禮；不小心出聲也記得要說 excuse me。打噴嚏時，記得要摀嘴，打完也請記得說一下 excuse me。聽到別人打噴嚏也會順口關心的說一句 bless you（保佑你）。擤鼻涕時最好到旁邊，並且小聲動作。

2 借過時候說 excuse me；沒有做錯事的話，不需要用 sorry。

3 接受服務時，回答好的時候別忘了說 yes please；不需要時就是 no, thank you。

4 在大眾運輸工具上都是禁止飲食。

5 用餐時，通常會等到每個人點的菜都好了，才會一起上菜。若其他人還未拿到食物時，請勿先自行用餐。

6 呼叫服務生時，不要大聲拍手。很多餐廳服務生會分區服務，或是有專屬服務生照顧特定桌次，因此點餐、送菜可能都要等候同一位服務生。

7 親子同遊時，請記得詢問餐廳是否能攜帶小朋友，很多高級餐廳都是有限制。如果親子合宜的餐廳，也請記得別讓小孩在室內大哭或是亂跑。

8 開車的時盡量減少使用喇叭，保持安全距離並禮讓行人優先。

9 看到小朋友，不要隨意觸摸，除非有家長同意。

10 當澳洲人跟你友善打招呼時，別害羞也親切的打個招呼吧！

急難救助

1 遇到奇怪狀況，如可疑詐騙或領務局的相關文件申請需求時，請優先與官方單位諮詢與求助。

2 急難救助電話專供緊急求助之用，如車禍、搶劫，有關生命安危緊急情況等。在澳洲叫警察、救護車，或遇火災、緊急報案，需撥打 000。非急難重大事件，請勿撥打！

3 一般護照、簽證等事項，請於上班時間以辦公室電話查詢。

駐布里斯本 台北經濟文化辦事處
Taipei Economic and Cultural Office in Brisbane
行動電話：+61-437921436 ／
澳洲境內直撥：0437921436
網 https://www.roc-taiwan.org/aubne_en/index.html
駐澳大利亞台北經濟文化辦事處
Taipei Economic and Cultural Office in Australia
網 https://www.roc-taiwan.org/au/index.html
駐雪梨 台北經濟文化辦事處
Taipei Economic and Cultural Office, Sydney
行動電話：+61-477586999 ／
澳洲境內直撥：0477586999
網 https://www.roc-taiwan.org/ausyd_en/index.html

實用官方資訊

澳洲各州旅遊局皆提供多國語言的目的地旅遊資訊，各地遊客中心或飯店內也有許多免費資料，以及地區導覽提供索取。另外，澳洲新聞可收取即時消息，更是鍛鍊英文的最佳媒介，以下主要大報新聞連結可多參考利用。

澳洲政府官方實用連結
澳洲旅遊局英文官網：http://tourism.australia.com
澳洲旅遊局中文官網：https://www.australia.com/zh-tw
維多利亞洲旅遊局官網：https://www.visitvictoria.com
新南威爾斯州旅遊局官網：https://www.destinationnsw.com.au
昆士蘭旅遊局英文官網：http://www.queensland.com.au
昆士蘭貿易投資局英文官網：www.export.qld.gov.au
當地新聞媒體連結
布里斯本信使郵報（Courier Mail）
網 http://www.couriermail.com.au
布里斯本時報（Brisbane Times）
網 https://www.brisbanetimes.com.au/
澳洲人報（The Australian）
網 https://www.theaustralian.com.au
雪梨晨鋒報（Sydney Morning Herald）
網 https://www.smh.com.au
世紀報（The Age）網 https://www.theage.com.au

攻略 7·交通資訊

澳洲大多人倚賴自駕，因為跑商場、學校、去城郊外等，有自己的車子還是方便。如想到處跑的朋友，來澳洲玩仍建議租車。持有中華民國（台灣）駕照的朋友可更換短期有效之國際駕照，25 歲以上的中華民國（台灣）駕照持有人，若預計長居澳洲同一州一段時間，也可直接更換澳洲當地駕照。如果要在澳洲駕車，請務必選擇上述其中一種方式的駕照，切勿僅攜帶（台灣）護照開車！若是遇到臨檢會面臨高額罰款，得不償失！

機場捷運：從布里斯本機場到市區

從布里斯本機場到市區或黃金海岸，可搭乘便捷的機場快線（Airtrain）。尖峰時間每 15 分鐘發車，離峰時間約 30 分鐘發車。

官網上可事先預定車票，電子車票會寄到 email 信箱。車站現場也可購買。在昆士蘭各地鐵路系統內，也可購買到機場快線的車票。從布里斯本機場到市中心約 23 分鐘，快線到黃金海岸約 90 分鐘車程。機場快線可連結布里斯本國際機場和國內航廈，站內也提供 Lockers 置物櫃服務。

除了機場快線之外，也可找私家車接送，有會中文的華人朋友專門提供機場接送服務。當然也可使用 Uber 或事先叫計程車，這兩種都可以事先預估車資，再決定是否符合叫車預算。

機場快線（Airtrain）網 https://airtrain.com.au/
計程車預估車資 網 https://www.taxifare.com.au/rates/australia/brisbane/

計程車

在澳洲俗稱 Cab 或 Taxi，兩個說法都通用，澳洲人有時也暱稱為 Cabbies。跟台灣不同的是，除了市中心有排班站，大多數的計程車都是需要事先叫車。人多的話，也有廂型計程車（Maxi Taxi）的選擇，但需要加價。當然也有 Uber 或是其他共乘選

擇，如 Ola、滴滴（DiDi），以及主要以女性為主的共乘應用 Shebah 等。

13 CABS 計程車
📞 13 22 27（澳洲境內撥打電話） 🌐 13cabs.com.au.
高級銀色計程車（Silver Top Taxis）
📞 13 10 08（澳洲境內撥打電話） 🌐 silvertop.com.au

最新公共運輸路線完成

於 2024 年啟動的 Brisbane Metro 是澳洲剛完成的一個重要公共交通項目，是捷運化的全電動公車服務。跨河地下鐵路（Cross River Rail）也是條全新 10.2 公里長鐵路線，涵蓋南北兩個隧道，跨越布里斯本河，串聯北岸和南岸地區；耗費近十年的重大工程，預計 2026 年開通。Brisbane Metro 將與跨河鐵路連接，交通將會更加快速便利。

地鐵、公車

若短暫停留市中心，大城市的公共交通設備也很完善。以布里斯本來說，公車相當方便，許多重要路線都有規劃公車專用道，以避開上下班尖峰時間車輛。市中心內設有免費的紅色觀光公車，環繞市中心幾個重點區域。雪梨也有提供觀光巴士服務，繞

行市區知名景點如歌劇院、港灣和碼頭、購物商圈等。比較特別的是，墨爾本有輕軌系統（Tram），也就是路面電車，市區還有免費電車區域（Free Tram Zone），方便規劃旅遊路線。

碼頭、快艇

昆士蘭主要遊輪碼頭位於布里斯本和凱恩斯，沿昆士蘭海岸線有更多前往各地的航程，也有迪士尼遊輪等。

布里斯本河則有城市貓快艇（City Cat）、小貓快艇（Kitty Cat），以及小艇（Ferry）可選擇。CityHopper 則是免費快艇服務，在布里斯本市中心有七站可供往返。有些朋友前來度假時，寧可花上多些時間搭快艇，因為乘坐起來特別舒服寧靜，不趕時間能在船上打個小盹。另外也有私人的包船，如 Go Boat 與船上計程車選擇。

Go Boat 快艇承包 網 https://goboat.com.au

交通支付

澳洲幅員廣大，每個州都使用自己的交通卡，交通卡跨州無法通用。交通卡就像台灣的悠遊卡和一卡通，上下車各刷一次。澳洲部分車站有時候是沒有人查票的，一切都靠個人自覺。千萬不要逃票，逃票的後果絕對是難以承擔的。澳洲規定，逃票者一旦被抓，輕則幾十倍的罰款，重則取消簽證。

以昆士蘭州為例，不管公車、火車或是河上快艇，可統一用 Translink 網站查詢，規劃旅遊路線時會提供不同工具選項，相當便利。Translink 路線約涵蓋布里斯本周遭東南部地區，路段也統一可用 Translink Card 或直接使用信用卡支付。離開布里斯本以外地區，除陽光海岸、黃金海岸等，其他區域的交通工具網站，依地區不同需個別查詢。

如今，布里斯本使用 Translink Card 逐步取代以往的 Go Card，可廣泛的在大布里斯本地區、伊普斯維奇（Ipswich）、黃金海岸與陽光海岸使用，並包括火車、機場快線、渡輪、巴士、城市貓與輕軌。

布里斯本 昆士蘭 （Queensland）	雪梨 新南威爾斯州 （New South Wales）	墨爾本 維多利亞州 （Victoria）
Translink Card（Go Card）	Opal Card	Myki Pass

交通卡必須提前網上購買，或在指定商家才可購買與加值。大一點的公車站或是火車站才有紙票機，所有公共交通工具都不能先上車後買票！紙票或交通卡都需要提前購買；例如昆士蘭的 Translink Card 也可以在機場購買。

大多數公共交通也陸續安裝新型支付設備，並可直接使用信用卡付款。Smart Ticketing 允許使用非接觸式的 Visa、Mastercard 和 American Express 金融卡或信用卡，包括智慧型手機、智慧型手錶或智慧型裝置的數位錢包、關聯卡，來支付旅行費用的新支付模式。新付款機器採取階段式更換，因此要注意部分公車與小艇尚未試用非接觸式支付方式。

布里斯本公共交通
網 translink.com.au
凱恩斯公共交通
網 http://www.sunbus.com.au
雪梨公共交通
網 transportnsw.info
墨爾本公共交通
網 www.ptv.vic.gov.au

昆士蘭風情火車
Queensland Sprit Rail Travel

昆士蘭地廣人稀，從這一頭到內陸去，得倚賴著自駕或是火車，才更可以深入探索一些較為少見的風光。搭火車出遊，也是許多鐵路迷的首選！近距離並慢慢花時間來欣賞野性美感和色彩，體驗內陸地區。知名路線包括了七日「內陸精神」，以及「昆士蘭精神」往返布里斯本與凱恩斯的路線。長途鐵路旅行邁入了新時代，許多火車旅遊列車也經過翻修更新，改為電源動力車，提供更舒適的旅程！途中會經過知名景點；到凱恩斯地區，更可接駁庫蘭達（Kuranda）風景區鐵路上的蒸氣火車，蜿蜒穿過鬱鬱蔥蔥綠色世界，深入崎嶇蜿蜒的山脈和壯觀流淺瀑布，感受昆士蘭的熱帶天地。

澳洲另外兩個 The Indian Pacific 雪梨至柏斯以及 The Ghan 阿德萊德至

©Tourism and Events Queensland

搭直升機前往陽光海岸，或是有不同的直升機觀光行程，費用依照不同路線與行程長度而定。澳洲也是 Uber Air 的第一個國際市場，墨爾本被選為全球第三個官方試點；在墨爾本市中心和墨爾本機場之間推出先進的「飛行出租車」服務！所以別意外，直升機在澳洲也是個交通選項！

達爾文也是人氣相當旺的火車路線。世界旅遊組織（UNWTO）也預測：「火車旅行將再次回歸，到 2040 年旅客將可根據自己的喜好、足跡和有限的時間裡，在高速創新和較慢的出遊方式之間，進行選擇。」

昆士蘭火車鐵路之旅
網 http://www.queenslandrailtravel.com.au

直升機之旅
Uber Air / Helicopter experience

在搭了好幾次直升機之後會發現，美景從天上看真的不一樣！比方在昆士蘭全球知名的心形島嶼，不搭直升機還真看不到。澳洲主要城市也提供直升機航線，比方說可以從布里斯本

據說，直升機比飛機更難駕駛，但直升機公司有提供駕駛體驗課程！在經過一段專業機師時間的飛行與解說後，你也可以自己感受一下握著方向舵的感覺，讓自己也能飛天遨遊。國際幾家航空公司都把機師送到澳洲受訓，一般大眾除了飛行體驗、考機師執照，也有飛機模擬體驗中心等。

Airwork Aviation 網 https://airwork.com.au
Bekaa Air 網 https://www.bekaaair.com.au

©Tourism and Events Queensland

攻略 8・自駕建議

在澳洲，不會開車等於不會走路。有許多道路規則和法規，執行得非常嚴格，可能比大多數其他國家都執行得更嚴格，而且絕對比美國更嚴格。特殊路標超級多，有些也很有趣；比方說「注意無尾熊出沒」，這個肯定別的國家都沒有。還得注意禮讓行人；在澳洲大家會互相禮讓，比較少會聽到喇叭聲。每個州的交通規則與罰款金額會有些許不同，這個部分要特別注意。

自駕開車遊

對於會開車的朋友，來到澳洲地大、路寬，非常適合自駕，也易於探索偏遠的景點，加上租車的費用也還算合理，比起搭計程車來說更為划算。會開車相對也方便許多，而且知名景點分布較廣，因此很多人會覺得：在澳洲沒有開車就等於沒有腳，出入不夠方便。

尤其有許多海邊與國家公園都是相當適合露營之處，所以也有很多朋友會在假期時租輛露營拖車（Caravan），一家大小、老少一同出遊露營過夜。除了自行租車外，也有旅行社針對自駕的旅遊選擇，提供機票、住宿與租車服務。

昆士蘭周邊自駕推薦路線

長短程	路線	預估公里數
短程	布里斯本—黃金海岸	80 km
短程	布里斯本—陽光海岸	110 km
短程	凱恩斯—道格拉斯港（Port Douglas）	70 km
中程	布里斯本—新南斯威爾斯州拜倫灣	170 km
中程	布里斯本—吐溫巴	130 km
長程	布里斯本—雪梨	920 km
長程	布里斯本—班達伯格（Bundaberg）	360 km
超長程	布里斯本—凱恩斯	1,690 km

行駛注意事項

　　和台灣相反，澳洲是右駕而台灣是左駕；轉彎時，方向很容易一時調整不過來，所以有的租車公司會貼心的在儀表板上貼上「提醒靠左」（Keep Left）的貼紙。交通標誌當然也不同，例如停車指示，路邊有 2P 和 12P 的標誌，表示可以停車的時間：2P 為兩小時、12P 為 12 個小時；有的標誌下方也會註明可以停車的時段。有計畫自駕的朋友，務必要熟悉方向和相關規則、標誌後才安全上路，尤其是長途。

　　若有小朋友，七歲以下的孩童也必須租借，並備好適合的嬰兒、孩童座椅才行。如遇暴雨天或淹水路段，沒有其他車輛行駛過去時，千萬不要堅持前往，有的路段會下陷，不熟悉的話很危險。若遇到冰雹，請放慢速度、打開前燈並小心駕駛到附近有遮蔽的地方，確保自己的安全。

　　澳洲地廣人稀，越偏遠的地方越容易沒有網路訊號。有時，可能要隔很

遠、很久的路程才會有加油站、水或食物，因此自駕時最好事先把這些可能因素規劃進去，或者在途中找好休息、住宿的定點。

時常在新聞上看到許多交通意外造成的憾事，多是因不熟悉交通規則造成；自駕雖然方便但還是要小心。大部分的澳洲人開車都很守規則，也會禮讓其他車子或是行人。路況不熟悉的朋友也建議盡量避免夜晚駕車；晚上有的路段會有較多的卡車、貨車，還有突然闖出的小動物，很容易影響路況。晚上開車若精神不濟，建議找個也會開車的旅伴幫忙分擔駕駛時數，或找間平價汽車旅館（Motel）、露營車營地等，都可以讓你充分休息後安全上路。

澳洲大物件 Australia Big Things

自駕的時候，有機會發現在幾個公路旁有所謂的「大物件」。陽光海岸有大鳳梨、維州有大無尾熊、新州科夫斯港（Coffs Harbour）有大香蕉等。另外還有大龍蝦、大鱷魚、大芒果、大金色吉他、大綿羊和大橘子等；之前皇家澳洲鑄幣廠還特地推出相關「大物件」收集金幣。昆州的莫頓公園（Emerald Morton Park）還有幅世界上最大的梵谷向日葵畫，佇立其中。

©Tourism and Events Queensland

避免酒駕

在澳洲，對持有「開放駕照」（Open License）的駕駛人能容許的酒精濃度為 0.05%。在餐廳或是酒吧和酒瓶上都會標有「標準酒精飲品」（standard drink）的限度比例。在路上若遇到酒測時（RBT Random breath test），須配合抽查。記得！千萬不要超過限定的酒精濃度，嚴重違規是需要坐牢的。

避免超速，禁止開車用手機

另外，就算持有國際駕照，在澳洲超速違規也是要罰款的。到處都有固定攝影機和隱藏攝影機，甚至還有藏在垃圾桶內的測速照相。也要隨身攜帶駕照喔！

開車時不能使用行動電話，否則天價罰單就會送給你！開車使用手機，澳洲會收超過台幣兩萬的罰款。在各地開車，每位司機與乘客都必須繫上安全帶，沒繫安全帶，乘客連同司機都會一併遭受罰款，而且是要正確繫上。現在澳洲到處都有特別抓使用手機與安全帶的路邊隱藏照相機，昆州罰款金額還特別高。

山姆／S.A.M

布里斯本街道上常會看到「山姆」的蹤影，有時候遇到節慶，還會變成可愛版。這是市政府的「速度意識監控程式」（Speed Awareness Monitor），在住宅區、學區和行人活動頻繁的區域實施。如果行駛速度等於或低於限制速度，將收到 SAM 的笑臉，以感謝您做了正確事情。如超速行駛，會顯示「減速」訊息提醒減速。所以看到 SAM 就應該減速行駛，小心駕駛，讓山姆多些笑臉相迎。

©Tourism and Events Queensland

澳洲租車

國際連鎖租車公司，像是 Avis、Hertz、Europcar 與 Thrifty 等公司都有提供網路預約租借，可選擇的車種也比較多，主要機場與市中心都有服務站。除透過上述連鎖租車公司事先預約租車之外，很多航空公司，如 Qantas 在訂購內陸機票時也提供租車的套餐式服務，或旅行網站像 Expedia 也有同樣選擇。網路上也有租車的比價網站，讓大家可比較。選擇租車公司之前，也要先確定想要去的行程，才知行駛路線或前往的地區是否有服務據點，以便諮詢。

有的租車公司在出借之前，可能會要求先做一個簡單的道路交通規則考試，以確保遊客熟悉相關法規；租借的車子通常也有限制駕駛地區。

租車的相關注意事項得要事先詢問清楚！簽訂合約之前也要確認得支付損壞、賠賞的費用、訂金與保險等資訊。其他額外費用，像是提早歸還車輛，或是延遲歸還，以及公里數增加的費用等，都要清楚理解。

澳洲主要租車公司資訊
安維斯租車（AVIS）網 www.avis.com.au
預算租車公司（Budget）網 www.budget.com.au
赫茲租車（Hertz）網 www.hertz.com.au/p/hire-a-car
歐車租車（Europcar）網 www.europcar.com.au
翠夫地租車（Thrifty）網 www.thrifty.com.au
布里斯本超值租車（Brisbane Bargain Rent a Car）
網 bargainrentacar.net.au
租租車國際中文租車服務
網 www.zuzuche.com/guide/10008/54
租車比價網（VroomVroomVroom）
網 www.vroomvroomvroom.com.au
豪華露營車租借（Luxury Caravan Hire）
網 www.luxurycaravanhire.com.au
阿波羅露營車租借（Apollo Campervan Hire）
網 www.apollocamper.com

保險

大部分租車公司的報價會包含基本保險費用，除了基本保險，通常還會再加收一條「意外車輛損壞費用額度」（Excess），即免賠額度。舉例來說，如額度為 4500 澳元，這也就是你需要支付的修理費用；不過有些損壞情況是不包含在免賠額度內。有些汽車公司尤其是租借露營車時，會需要押金（Bond），而且通常會先用信用卡預先扣款保證，以確保車輛平安，無損歸還。

有些租車公司會提供其他保險選項，例如：單量車輛意外、多輛車輛意外、雨刷損壞、輪胎損壞、第三人財產險、冰雹暴風雨損壞險、動物損壞險、小偷險等。很多人會以為旅遊保險，或是信用卡旅遊保險有包含這些相關汽車險，但通常都發生意外後，才發現有些細項、規則，是沒有辦法補償到這些車損，所以也要特別留意。

昆士蘭主要道路救援服務與保險（RACQ's Roadside Assistance）網 www.racq.com.au

其他代步工具

電動滑板車、電動自行車

在布里斯本，電動自行車（E-bikes）和電動滑板車（e-scooters）成為很受歡迎環保的出行方式。E 代表電動，現有幾間提供電動自行車與電動滑板車的公司，如 Neuron、Lime 與 Beam 可租用，市府也會定期評估、招標並替換供應商。

為避免常發生的意外，騎乘電動代步工具也開始有較嚴格規定如下：

1、戴上頭盔、安全帽。

2、靠左行駛並給行人讓路。

3、以指定的速度行駛，或允許安全停車並安全超過其他路徑使用者的速度行駛。

4、與其他路徑使用者保持安全距離。

5、保持左側駛來的自行車和其他個人移動設備。

6、僅使用共用道路的自行車側。

攻略 9· 澳洲怎麼逛？買什麼？

這十幾年來由於國際遊客越來越多，許多品牌也越來越懂得行銷，來澳洲可以發掘很多具當地特色的產品，記得把握機會多去逛逛。

超市

澳洲主要超市有 Coles，暱稱為紅超，Woolworth 叫綠超。較為平價的超市則是 Aldi；IGA 或 Harris Farm 等。

百貨精品、餐廳

布里斯本市中心，除了皇后街（Queen Street）有主要百貨與商店外，個人也推薦、必訪 James Street，來這看看當地最時尚的人潮也不錯，而且這邊也有許多重要的美味餐廳。

雪梨市中心的維多利亞女王大廈（Queen Victoria Building），建築歷史悠久，不買也值得進去走走，還有許多手工藝品與澳洲品牌。市中心大衛瓊斯（David Jones）也是主要百貨，改裝過的百貨保留古典氣質也很好逛；Paddington 與 Surry Hill 區也是人氣很旺、很潮的逛街好去處。

墨爾本的話，除了市中心精品街 Collin Street 外，巷弄中也有許多精緻小店；Chapel Street 很嬉皮、好逛。也別錯過南半球最大的商場 Chadstone，匯集國際精品與澳洲品牌，有許多餐廳、咖啡館等的購物天堂！

澳洲品牌

澳洲品牌近年來也受到海外市場青睞，幾個主要品牌都是東西方明星時常穿搭的首選。較有名的設計，包括很多國際明星都喜愛、浪漫有女人味的服裝品牌 Zimmermann；線條簡潔摩登的 Dion Lee 近年很受歡迎；《慾望城市》主角也喜歡、性感前衛的 Sass & Bide；Camilla 則走悠閒波西米亞風格。

近年來超紅品牌 Aje，也是青春洋溢，很陽光的設計風格；Romance was born 光牌子聽起來就可愛，是很有設計感的服裝。澳洲 Just Group 旗下 Peter Alexander 睡衣、Dotti、Jacqui E，文具 Smiggle 文具等，也是很受年輕人喜愛的牌子。澳洲最知名的南洋珍珠品牌是 Paspaley pearls；也有大家熟知的保養品牌 Aesop，知名運動品牌如 2XU、P. E. Nation、滑雪服 Templa、車衣 Black Sheep Cycling 與運動服飾 Lorna Jane 等。很多澳洲品牌現在都提供網購服務，讓生活越來越方便。

經典軟膏
Lucas' Papaw Ointment

昆士蘭最值得買的一款老牌商品，又稱木瓜霜。成分天然，有許多不同功效，包括擦傷、割傷、刮痕、燙燒傷、瘀青、皮膚乾裂、皮膚疹、昆蟲咬傷、開裂傷口、青春痘、曬傷、寶寶屁股紅腫等，都可使用。類似無味

的曼秀雷敦（面速力達母）也常拿來當作護唇膏使用！因有消毒成分，被蚊子咬也能塗抹。因為這東西太紅了，所以陸續有不同品牌也推出木瓜霜，但個人還是獨鍾這款實實在在、平價且經典的老字號！

🌐 http://www.lucaspapaw.com.au

尤加利精油
Bosisto's

阿伯特（Abbotts）家族已經營兩個世代的尤加利精油品牌，新鮮、清脆的桉樹香氣，讓洗衣和清潔產品顯得獨特，產品來自博西斯托（Bosisto）位於維州的桉樹種植園。這也是澳洲第一個本土出口產品，銷往各地並風靡全球；基本款的尤加利精油加入清水中用來清潔、殺菌，或擦拭戶外桌椅、當防蚊蟲，挺好用的。現也延生出好多款精油商品。澳洲也有其他知名精油品牌，如 Perfect Potion、Husk、Bondi Wash 等。

🌐 https://www.bosistos.com.au

有機保養品
Kora by Miranda Kerr

澳洲名模米蘭達‧卡爾成立的有機護膚品牌。即便有明星光環，但務實的澳洲人，舉凡名模成立的品牌，仍經營得有聲有色；例如澳洲資深名模艾勒‧麥克法森（Elle Macpherson）的內衣品牌。Kora Organic 除了在澳洲 Myer 百貨設有專櫃外，在 Sephora 及 Net-a-Porter 時尚購物網也可訂購。商品講究天然、平衡，當中的止痘膠與精油都不錯；另一個連皮膚科都推薦的 QV 保養品與嬰兒系列也很棒。

🌐 http://www.koraorganics.com/

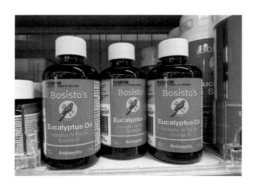

藥妝店
Chemist Warehouse

全澳洲共約 535 家連鎖店，許多知名藥商像是 Balckmores、Swisse 等保健食品都能在這採購，也可以很清楚看到標示「澳洲品牌」的產品。很多人都愛買澳洲的保健食品，因為品質有口碑，那就到價格優惠連鎖藥妝店採購吧！

網 http://www.chemistwarehouse.com.au/

巧克力甜點
Dello Mano

連明星安海瑟薇、艾希頓庫奇都愛的澳洲品牌布朗尼！Dello Mano 為家族企業，使用上等比利時巧克力、農場自由放養雞蛋、上等奶油等配方，產品均不使用防腐劑、添加劑，口感濃郁扎實。可以網路購買，或是在離開前帶個綜合禮盒當伴手禮，都來得及於保存期限內食用，這保證是布里斯本甜蜜禮品的代表之一。

地 Wintergarden Shop K7, 171/209 Queen St, Brisbane
網 http://www.dellomano.com.au/

阿庫布拉帽子
Akubra hat

澳洲最具代表性的帽子，於 1876 年新州開發製造，經典傳統帽型是 The Cattleman，秉持並承襲內陸精

神和叢林的粗獷優雅。如果有機會買頂帽子，那麼也可以考慮來雙澳洲經典、近百年的牛仔鞋 R.M.Williams，以及百年經典的風衣 Driza-Bone 喔！另一個澳洲帽子品牌為拉菲草帽 Helen Kaminski，設計時尚也超實用，品項包括女士帽子、包包和鞋子，在大衛瓊斯百貨也有專櫃。

Akura
網 https://akubra.com.au
Helen Kaminski
網 https://www.helenkaminski.com.au
R.M. Williams
網 https://www.rmwilliams.com.au
Driza-Bone
網 https://drizabone.com.au

沙灘毛巾
Tesalate

澳洲人熱愛海邊，Tesalate 是一款由 Volkan Ozbek 和 Jacky Lam 設計的專利沙灘毛巾，用 AbsorbLite™ 布料製成，小巧輕便，容易擦乾，重點是沙子不會沾粘，非常實用也搶眼好看！難怪海灘上很多人都用這款沙灘巾。使用它在離開海灘時，也能免掉拿著厚重、濕答答毛巾的困擾。另外，也可看看泳裝如 Seafolly、SIR.、JETS 等澳洲品牌，或是 Quay 的太陽眼鏡喔！

網 https://au.tesalate.com/

竹子纖維有機環保休閒衣
Boody Organic Eco Wear

用竹纖維材質重新定義舒適含義，Boody 的所有產品在創造時，皆考慮到道德、永續發展和品質；質料柔軟，強調會呼吸透氣、吸濕排汗，並且是無毒的材質。還有，睡衣真的特別舒服好穿！在大衛瓊斯百貨、Big W 百貨或藥房都有販售。

網 https://www.boody.com.au

澳洲版大富翁
Australian Monopoly

益智遊戲「大富翁」，2016 年陸續針對澳洲大城市推出各城市版本，包括布里斯本、雪梨、墨爾本到伯斯等城市，也有整個澳洲的，甚至連有名的 Vegemite 酵母醬版本都有。看到熟悉地點，如故事橋或南岸公園，出現在布里斯本版的大富翁上，感覺超有趣！之前還有針對「要把哪些地標選上布里斯本版本」裡，在臉書上曾有過一番徵選和討論。除了大富翁，還有樂高澳洲特別版喔！包括雪梨歌劇院等，澳洲明信片或雪梨的特色建築等，在 Big W 百貨、Woolworths 超市、禮品店或網上，都可購買。

攻略 10 · 澳洲主要節慶活動

一年中最受期待的夜晚之一，雪梨成為首批迎接新年的城市。來自世界各地的遊客老早都聚集在雪梨港邊期待這盛會。一年一度的慶祝活動有兩場煙火表演：晚上 9 點，有八分鐘特地為有小朋友提早放的「家庭煙火」和午夜的 12 分鐘跨年重頭戲。這是使用超過 8.5 噸的煙火表演，花費約 620 萬澳元，吸引超過 4.25 億人，是全球觀眾同步收看直播的雪梨煙火表演。

網 https://www.sydneynewyearseve.com

雪梨燈光音樂節

繽紛雪梨燈光音樂節（Vivid Sydney）是澳洲最大的燈光、音樂、創意和美食節。 繽紛雪梨燈光音樂節通常於五月份舉辦，約為三週的慶典。重點燈光秀於下午 6 點開始，晚上 11 點結束，某些區域的開始和結束時間較早。大多數活動都在夜間舉行，明亮的燈光與傍晚和夜空形成鮮明對比，帶人進入充滿奇蹟熱鬧的夜晚。也有許多別緻的藝術裝置、大型無人機演出或音樂等。

網 https://www.vividsydney.com

©Tourism Australia

雪梨同志嘉年華

雪梨同志嘉年華（Sydney Gay and Lesbian Mardi Gras）被國際公認為世界上最大、最好的 LGBTQI 遊行和節慶之一。慶祝活動約三週，包括 100 多項社區活動、舞會、戲劇和音樂，以及重頭戲的狂歡節遊行。有 12,500 名遊行者和 200 多輛花車參加，展現自由多彩的繽紛世界。

網 https://www.mardigras.org.au

墨爾本賽馬嘉年華

墨爾本盃（Melbourne Cup）是一年一度的一級純種馬比賽，在墨爾本弗萊明頓賽馬場舉行，是世界最受矚目的賽馬嘉年華之一，為期四天，於每年 11 月初舉行，吸引約 30 萬名投注者。墨爾本盃日整個維州的公共假期，其他州雖不放假，但在主要賽事的下午時段，大家幾乎都會停工來觀賞賽事，到處也有相關活動、聚餐派對等。人們會盛裝打扮戴上禮帽出席，很多活動也會票選當天打扮最佳的賓客。但近年來，很多人因動物保護因素，或因賽馬馬匹時常受傷而開始反對參加墨爾本盃。

網 https://www.vrc.com.au

©Tourism Australia

布里斯本藝術節

　　每年九月，螢光桃紅的文藝氣息彩繪了整座布里斯本城市。藝術節現場，別緻復古的大型帳篷每晚有不同的現場即興演出，包括音樂、戲劇、舞蹈、馬戲等；南岸公園則用不同燈光秀吸引人潮。各地也會不定時擺放巨型裝置藝術，全城市民就算沒來看節目，也間接參與了這藝術慶典。

　　最引領期盼就是河岸煙火秀，總吸引來自各地的船隻緩緩駛進市中心。除了河面上熱鬧，岸邊更是人山人海。「哪個點可以觀賞到最精彩的煙火？」是每年詢問度最高的議題；南岸公園需老早搶位等候，可看到煙火與燈光秀結合；故事橋則有截然不同的感覺，有主橋與瀑布煙火；每年也會有無人機燈光秀助陣，讓活動更閃亮。

網 http://www.brisbanefestival.com.au/

布里斯本農展會

很經典盛大的皇家農產活動（Royal Show ／ EKKA），一年一度的農展會為期十天，其中一天還是公共假日，在這期間裡大人小孩都會到 EKKA 去玩！活動自 1876 年開始舉辦，充滿傳統、獨特的氛圍和代代相傳的澳洲童年記憶。每年總吸引超過 40 萬人次來參訪，連好萊塢巨星麥特戴蒙都連續兩年特地來參加；活動展示超過一萬頭動物，號稱超過 3000 種免費活動可玩可看！

活動重視寓教於樂，除了推廣農業相關，還有大型遊樂設施。活動場地不光有農莊，還有兒童樂園！傳統必吃美味包括愛心慈善草莓甜桶外，也有棉花糖、酥炸熱狗等，而且每年光是草莓就用掉 13 公噸，賣出 14 萬支以上的草莓甜桶！所得盈餘皆捐給醫院研究機構。超過 330 種福袋也是大家必買的重點，晚上煙火秀也超精彩。

雪梨皇家復活節展（Sydney Royal Easter Show）是同類型活動，其他城市也有類似農展會。雪梨秀首次舉辦於 1823 年簡稱為「復活節展」或 The Show，一年一度的展會為期兩週，於復活節期間舉行。從農產開始延伸，包括美食、棉花時尚秀，等著你去更認識澳洲大莊園！

布里斯本農展會 網 https://www.ekka.com.au
雪梨皇家復活展 網 https://www.eastershow.com.au

黃金海岸國際馬拉松

　　路跑近幾年成為全民運動，黃金海岸馬拉松（Gold Coast Airport Marathon）是世界田徑標籤公路賽，是澳洲公路跑賽事的巔峰之作，被譽為世界上最負盛名的馬拉松賽事之一，每年都吸引了近三萬人前來參賽。黃金海岸有著平坦且風景秀麗的沿海路線，加上低濕度、微風和溫度理想等冬季跑步條件而受歡迎。台灣也會有熱衷賽事的朋友組團參加，包括藝人 Janet 謝怡芬、陳漢典、法比歐、歐陽靖、劉耕宏、街頭路跑創辦人胡杰等，都曾來參加過這國際級賽事。

　　雪梨馬拉松則是每年 9 月舉行，於 2000 年 4 月 30 日首次舉辦，是當時 2000 年雪梨奧運會的測試賽，也被稱為「主辦城市馬拉松」；此後每年的奧運都繼續舉辦，作為雪梨奧運留下最好的傳承活動。

Gold Coast Marathon
網 http://www.goldcoastmarathon.com.au/
Sydney Marathon
網 https://sydneymarathon.com
Brisbane Marathon
網 https://brisbanemarathon.com.au
Bridge to Brisbane
網 https://bridgetobrisbane.com.au
大堡礁公益路跑（4 planets）
網 https://4planet.au

沙灘雕塑藝術節

　　昆州最大戶外雕塑展（SWELL Sculpture Festival），主要展覽沿黃金海岸可倫賓美麗沙灘舉行，有多達 50 多件雕塑免費參觀，能與當地和國際藝術家令人驚嘆的雕塑面對面。

英文 SWELL 有膨脹之意，來這看藍天、大海還有新奇創意，讓人思緒飽足。自 2003 年以來，活動已展出了 873 件雕塑，總價值達 1550 萬澳元。SWELL 將人、藝術和地方連結在一起，在這會發現，只要有創意並勇於創作，豬也會高飛（pig can fly here too）。

雪梨每年 10 月也有邦迪海邊雕塑藝術展（Sculpture by the Sea, Bondi），從壯觀的邦迪海灘一直陳列至塔瑪拉瑪（Tamarama）海岸步道上，是雪梨最受歡迎的活動之一；有 50 萬名遊客觀賞來自世界各地藝術家 100 多件雕塑。這個免費公開的展覽自 1997 年開始舉辦，每年春季為期三週，是世界上最大年度雕塑展；西澳每年 3 月也有科迪斯洛海邊雕塑藝術展（Sculpture by the Sea, Cottesloe）。

網 http://www.swellsculpture.com.au/
網 https://sculpturebythesea.com

建築開放參觀日

透過建築，可看到城市歷史與銳變。開放參觀（Open House）為全球性活動，透過昆州政府建築師辦公室積極促成，讓更多人可在建築開放日這天，更進一步去觀賞建築結構的

張力與設計巧思。有許多古蹟與宗教建築很值得一訪，特別是在亞熱帶氣候下蓋好的獨特現代建築，近年也新增許多綠色生態建築與科技研究大樓開放參觀。Maryborough 與 Toowoomba 也有開放參觀的時段；墨爾本 7 月份及雪梨 11 月也有類似活動；雪梨歌劇院一年也有一次固定的開放時間。

布里斯本 Open House
🌐 http://brisbaneopenhouse.com.au/
墨爾本 Open House
🌐 https://openhousemelbourne.org
雪梨 Open House
🌐 https://www.sydneyopen.com.au
雪梨歌劇院 House Open Weekend
🌐 https://www.sydneyoperahouse.com/birthday-festival/open-house-weekend

年間節慶、活動參考

月份 Month	重要節慶與活動 Festival & Activities
1 月 January	布里斯本國際網球錦標賽（Brisbane International Tennis） 澳洲國際網球公開賽—墨爾本（Australian Open）
2 月 February	雪梨同志狂歡節（Sydney Gay and Lesbian Mardi Gras） 南昆士蘭蘋果葡萄豐收慶（Stanthorpe Apple and Grape Harvest Festival） 黃金海岸公開賽— WSL QS1000 級衝浪比賽（Gold Coast Open） 阿德萊德藝術雙年展（Adelaide Biennial of Australian Art） 墨爾本藝術博覽會（Melbourne Art Fair）
3 月 March	黃金海岸衝浪大賽（Gold Coast Quilksilver Pro and Roxy Pro） 布里斯本世界自然科學博覽會（Brisbane World Science Festival） 墨爾本 F1 方程式賽車（Melbourne F1） 雪梨雙年展（Sydney Biennale） 新光璀璨節—坎培拉熱氣球嘉年華（Enlighten Festival - Canberra Balloon Spectacular） 海洋電影節世界巡迴展（Ocean Film Festival World Tour） 努沙衝浪節（Noosa Festival of Surfing） 賞楓季（秋季 3 月至 5 月）
4 月 April	雪梨皇家復活節農展會（Easter Show） 新州紐卡索美食月（Newcastle Food Month） 墨爾本國際喜劇節（Melbourne International Comedy Festival）

月份 Month	重要節慶與活動 Festival & Activities
5 月 May	神仙灣國際船舶展（Sanctuary Cove International Boat Show） 努沙美食美酒慶（Noosa Eat & Drink Festival） 黃金海岸藍調音樂節（Gold Coast Blues on Broadbeach Music Festival） 新州納魯馬生蠔祭（Narooma Oyster Festival）
6 月 June	凱恩斯鐵人三項賽（Ironman Cairns） 布里斯本馬拉松（Brisbane Marathon） 澳洲黑松露季（冬季 6 月到 8 月之間）
7 月 July	黃金海岸國際馬拉松（Gold Coast Airport Marathon） 凱森土著文化藝術節（Art Fair） 雪梨藝術月與燈光秀（Vivid Sydney） 墨爾本建築開放參觀日（Open House Melbourne）
8 月 August	布里斯本農展嘉年華博覽會（Ekka） 雪梨邦迪海邊雕塑藝術展（Sculpture by the Sea, Bondi） 北昆道格拉斯港美食節（Taste of Port Douglas Food & Drink Festival） 哈密頓島國際帆船賽（Hamilton Island Race Week）
9 月 September	布里斯本藝術節與河岸煙火秀（Brisbane Festival） 吐溫巴花卉嘉年華（Toowoomba Carnival of Flowers） 布里斯本建築開放參觀日（Brisbane Open House） 沙灘雕塑藝術節（Gold Coast Swell Sculpture Festival） 雪梨馬拉松（Sydney Marathon）
10 月 October	大堡礁馬拉松（Great Barrier Reef Marathon Festival） 布里斯本到黃金海岸鐵馬慈善賽（Brisbane to Gold Coast Cycle Challenge）
11 月 November	澳洲墨爾本盃賽馬（Melbourne Cup Day） 雪梨建築開放參觀日（Sydney Open） 布里斯本亞洲當代藝術三年展（Brisbane Asia Pacific Triennial of Contemporary Art） 澳洲 PGA 錦標賽—黃金海岸（Australia PGA Championship） 布里斯本亞太電影節（Brisbane Asia Pacific Screen Awards）
12 月 December	夏季聖誕，各地和家家戶戶也會張燈結彩，並有聖誕裝飾等活動 26 日節禮日、瘋狂折扣日（Boxing Day） 布里斯本活德民俗節（Brisbane Woodford Folk Festival） 31 日雪梨跨年煙火秀

＊實際時間每年會有些許不同，詳情請參考官網最新資訊與消息

Part 4 布里斯本，全世界最棒地方之一

《紐約時報》列為必訪景點，《時代雜誌》也評為「全世界最棒地方」之一，「弗羅默旅行指南」（Frommer's）評為最佳旅遊目的地，更是澳洲唯一榮獲金獎的「最幸福城市」。布里斯本也將迎接 2032 年的奧運會和殘奧會，這城市即將發生更多變化。

精華地帶基本介紹

布里斯本，有時也稱為「布里斯班」，亞洲人暱稱「布村」，當地人稱 Brisvegas 混合美國拉斯維加斯的熱鬧之意，讓人提起布里斯本就更覺閃亮些。名稱源自於紀念前新州州長布里斯本爵士 Sir Thomas Brisbane，1859 年昆士蘭州宣布獨立後，布里斯本順理成為首都城市。

位於昆州東南地區，澳洲東岸中間位置，城市中間綿延著布里斯本河，鳥瞰下很像一條龍蟠踞著整個城市，河畔中央的南北兩岸也都有很繁榮的發展。這裡一年 240 天都有晴朗的藍天，陽光普照，堪稱澳洲最美麗的城市。夏季平均氣溫低於 30℃，冬季平均最低溫僅達 11℃，屬亞熱帶氣候，非常適合輕鬆的戶外生活。而且 2024 年，更是澳洲唯一獲得全球幸福城市金獎（Happy City Index，GOLD）評比排名，為澳洲最幸福快樂的城市。

市中心橫向路標為女性名字，縱向路標為男性名字，趣味貫穿了商業市中心。布里斯本還有以其他澳洲城市命名的街道，如 Sydney、Melbourne、Adelaide、Perth、Darwin，也有 Alice Street（我專屬的愛麗絲街），甚至還有芭比街 Barbie Avenue，實在有趣。市中心週遭也特別使用了國際語言街名路標，貼心因應越來越多國際觀光客來訪的準備。市府還統籌了很特別的迎賓義工（Brisbane Greeters），招募不同背景的當地人來免費提供約兩小時的城市導覽。全球知名的得獎動畫《妙妙犬布麗》（Bluey）更是源自布里斯本，並以城市為故事藍圖。

活力象徵

布里斯本又細分為不同區域（Suburb）；市中心附近可以觀景、攀岩與運動的 袋鼠角（Kangaroo Point），中國城或是酒吧餐廳林立的 毅力谷（Fortitude Valley）；南岸公園（Southbank）；有點嬉皮的 West End；許多二手與小店的

Paddington 區；綜合高級河岸公寓及特色新興商區 New Farm；Newstead 與知名時尚街 James Street 等。週末，也有夜市 Eat Street Northshore 和 24 小時咖啡館。城市擁有超過 2,180 個公園和水道，像綠色動脈一樣貫穿整個城市，是一座有綠意和活力的健康城市。市中心附近還有好幾座新建好的綠色行人步行與自行車共用橋，有時真會覺得「橋也太多了！」

布里斯本市花一品紅（Poinsettia），又稱聖誕花；雖原產於墨西哥，但自 1930 年被布里斯本人選為市花。2023 年標誌性的布里斯本金合歡（Acacia fimbriata）又稱流蘇相思，被居民選為布里斯本新的官方花卉象徵，而且早在 1828 年就有在河岸栽種的記錄，就像布里斯本居民一樣具有生命力：抗旱、恢復能力強，甚至能抗霜凍。2024 年開始，兩者一同成為代表城市的官方象徵之一。

藍花楹（Jacaranda）也算是布里斯本非官方市花。自 1864 年起就在

布里斯本種植，現已成為這座城市的最愛。每當盛開時，整個昆士蘭都籠罩於浪漫的紫色風情之中，花語也正好是浪漫和熱情，常被用來象徵愛情和友誼。澳洲藍花楹的花季通常在每年的十月至十一月間，正值南半球春天，全市處處皆為紫色花海，不僅浪漫點綴了整個城市，也爭奇鬥豔。

商業核心

布里斯本最新也最主要的地標建案皇后碼頭（Queens Wharf）綜合型百貨賭城商場，由香港商周大福企業、遠東發展與澳商星億娛樂集團（Star Entertainment Group）耗資 36 億澳元合資建設。對布里斯本來說，就

如同台北 101 的指標性建案，2024 年 8 月正式營運。新飯店就囊括了 The Star Grand、Rosewood 及 Dorsett 等。另外還有計劃於 2027 年開業，耗資 21 億澳元的 Dexus Waterfront Brisbane 開發項目，兩者都將改造河濱 8.4 公頃的公共空間，讓河岸成為最摩登的風景。沿著河岸線也有優美寧靜的慢跑與自行車專用道。從市中心為出發點，許多條大街巷弄等，都夾藏、擺放著許多重要地標，值得慢慢散步，從不同層面觀賞探索城市歷程與足跡。

市中心對岸南岸公園區，占地 17 公頃的河濱城市遊樂場，包括雨林步道、美食花園、免費公共海灘和野餐區。曾舉辦過 1988 年世界博覽會的南岸公園和市中心各地，均擺放了紀念裝置藝術。位於南岸文化區的中心地帶，有昆士蘭表演藝術中心（QPAC）。昆士蘭美術館和現代美術館，以及昆士蘭博物館是澳洲參觀人數最多的文化場所之一。這裡的文化景觀是無與倫比，以巷弄改造計畫來說，不管是 Hutton、Eagle、Edison、Fish 或 是 Burnett Lanes 等都有不同的藝術家示範點綴。其中一

條 Burnett Lane 與 Fish Lane，因整條巷子裡頭有許多特色的酒吧與餐廳而成為人氣巷弄。

人稱小台北的 Sunnybank，包括了台商裕豐集團（YFG Group）經營多年的 Sunnybank Plaza 和 Sunnybank Park。附近還有稱作小台南的 Robertson 等華人住宅區，以及台商投資的 Pineland Plaza 商場等，南區這一帶儼然成了地下中國城。而真正的中國城周遭儼然成為夜生活的最佳去處，許多酒吧與 Club 等都聚集於此；白天則是新增不少異國料理，不再獨唱中國風。

　　布里斯本也是全澳洲最多台灣移民的地方，台商桃園寶佳建設（Shayher Group）斥資八億澳元，於市中心都更、打造三棟多功能摩登建築，以及 2018 年開幕的澳洲首間 W 飯店，集團在澳洲各地也有許多其他投資。南岸公園也有台商 Kinstone Group 投資的 Novotel 飯店與其他開發案，當地也有許多台灣人經營的餐廳或是咖啡館等。

　　布里斯本承辦過不少國際盛會，包括了 1982 年大英國協運動會、1988 年世界博覽會、2014 年 G20 全球領袖高峰會議，以及其他大大小小國際會議與運動賽事等。每年也有年度藝術節、年度電影節等，也是全球最具創新力的城市前 50 名、澳洲的移民成長第一名城市。由市政府發起的亞太城市高峰會（Asia Pacific Cities Summit）更延續著姊妹市的輪流舉辦，而繼續受到區域媒體關注。接下來受矚目之處，便是 2032 年的布里斯本奧運了，令人期待！

Visit Brisbane
網 http://www.visitbrisbane.com.au/Brisbane Greeters
網 https://www.brisbane.qld.gov.au/whats-on-in-brisbane/brisbane-greeter-program

若遇緊急問題或情況

* 布里斯本市政府緊急聯絡電話：+61-7-3403-8888。如需語言協助，可先撥打
  13 14 50 致電給筆譯與口譯服務處，然後要求轉接布里斯本市政府。
* 台灣駐布里斯本辦事處，緊急連絡電話：+61-437-921-431。

布里斯本地標

　　當初，2014 年 為 迎 接 G20 元 首高峰會議賓客而設計的 BRISBANE。從臨時的裝置藝術，變成讓州政府決 定「 應 該 要 保 留 一 個 會 議 紀 念（legacy）」，進而加強結構、重新設計再擺放回南岸公園河畔邊。繽紛色彩，以布里斯本仍持續變動的商業市中心為背景，成為布里斯本人氣合照地標。

地 South Bank Cultural Forecourt, Melbourne St, South Brisbane

市政廳 City Hall

　　列為遺產保護的市政廳，開幕當時可是僅次於雪梨大橋的第二大建案。近年在全市居民及企業贊助、募款下，得以大力翻修，2013 年重新開幕成為重要活動場地。中間高聳的鐘樓設計讓建築更顯氣派，想參觀鐘樓最好先預約。裡面附設的布里斯本博物館（Museum of Brisbane）展示屬於這都市的故事，每個月有兩次免費中文導覽；一樓則有昆州最老牌的下午茶 Shingle Inn。

©Brisbane Marketing

網 https://www.brisbane.qld.gov.au/things-to-see-and-do/council-venues-and-precincts/brisbane-city-hall
Shingle Inn 網 https://shingleinncityhall.com
博物館 網 https://www.museumofbrisbane.com.au

故事橋（沒有故事）
Story Bridge

　　故事橋是我個人最喜歡的地標之一，很喜歡介紹這「沒有故事的」故事橋；所有的城市故事都由每個人串連譜寫，才形成當今樣貌！故事橋 Story 是以一位傑出公務人員約翰・道格拉斯・史朵立（John Douglas Story）的姓氏命名，象徵為政府締造就業率，而建造的大型公共建設。

　　故事橋為澳洲當時最大鋼鐵懸臂大橋，從設計、備料及建造全都在澳洲完成，並列入遺產名錄，更是澳洲

最長懸臂橋。幾年前，澳洲開始時興攀橋行程，許多人也紛紛來此攀登這座約有 22 層樓高的鋼鐵橋，享受居高臨下，眺望市中心與河流市景的感受。橋下有很愜意的綠地廣場與熱鬧牛排屋及酒吧，還有人氣很旺的法式烘培坊 Christian Jacques，建議平日早上前來，以免週末大排長龍。

故事橋攀岩 網 http://storybridgeadventureclimb.com.au
Christian Jacques 網 https://christianjacquespastries.com

霍華德史密斯碼頭
Howard Smith Wharves
HSW

為故事橋下方，投資約兩億元改建成人潮聚集的娛樂餐飲重點區，擁有無與倫比的城市河流與故事橋景觀。此處有許多餐廳，包括總是人聲沸揚的啤酒屋 Felons Brewing Co.、酒吧 Mr Percival's、赤柱中餐廳 Stanley、希臘菜 Greca、日本料理 Yoko、義大利料理 Ciao Papi，也有好時光義式冰淇淋店（Goodtimes Gelateria）與咖啡館等。園區綠地有時還會舉辦戶外瑜伽，橋旁還有精品飯店（Crystalbrook Vincent Hotel）。

網 http://howardsmithwharves.com

©Queens Wharf Brisbane

皇后碼頭
Queens Wharf Brisbane

改變布里斯本天際線的重要建設，眾所矚目全新娛樂休閒地標。彙集全新豪華飯店、賭場、餐飲、酒吧和娛樂場所。看似懸浮的天空甲板，特地請來參與新加坡濱海灣金沙酒店的技術團隊完成。傲然翱翔在上空 100 公尺處，將成澳洲最新高空遊樂場。夜晚外牆的燈光秀更是河岸邊的最新焦點，並預計引進 50 間新的餐廳與酒吧。第一階段的招牌餐廳為牛肉和海鮮餐廳 Aloria、休

示意圖

閒一點的 Babblers 餐廳、露天酒吧 Cicada Blu。名廚 Luke Nguyen 的餐廳 Fat Noodle 與 Black Hide Steak & Seafood 也會再次進駐。還有與雪梨 Star 同步的日本料理 Sokyo、義式料理 Cucina Regina 與雞尾酒吧 Cherry 等。豪華酒店包括澳洲唯一一家 5 星瑰麗飯店（Rosewood）與 4.5 星級的帝盛飯店、The Star Grand 與公寓大樓。預計每年將吸引約 140 萬遊客；新的邦納人行天橋（Neville Bonner Bridge）也輕易連結起與南岸文化區的直達路線。

網 https://queenswharfbrisbane.com.au

南岸公園
South Bank Parkland Brisbane

　　全球第一個後世博改建後的公園，原為 1988 年布里斯本世博會舉辦地，現在已發展為難得一見的戶外生活區。這裡有許多世博會遺留下來的多元文化特色，最特別如孔子像、尼泊爾和平塔與象徵布里斯本姐妹友誼城市的「高雄地標」，以及市中心內的人造沙灘泳池；它也是許多國際都市觀摩的最佳示範規劃！布里斯本唯一的摩天輪也是公園地標；佈滿了桃紅九重葛花朵，長達一公里人行道鋼鐵迴廊，更得到國際設計大獎。設有烤肉野餐與遊樂區，更承辦許多大型節目、美食展及河岸煙火秀等。

地 Ground Floor, Stanley Street Plaza/Stanley St
網 https://visit.brisbane.qld.au/places-to-go/inner-city/south-bank
The Wheel of Brisbane
網 https://thewheelofbrisbane.com.au

袋鼠角（沒有袋鼠）
Kangaroo Point

袋鼠角懸崖是列入遺產名錄的懸崖，位於布里斯本河旁，是很受歡迎的休閒場所，尤其適合攀岩和跑步。附近也有探險中心（Riverlife）提供一系列水上活動，如獨木舟等。袋鼠角

城市步道全長約 5 公里，從袋鼠角延伸至南岸，可以欣賞到布里斯本河、紅樹林、植物園的美麗景色。這裡也鄰近新完工的袋鼠角人行步橋，晚上會與故事橋相互輝映，一同亮燈。

袋鼠角地標餐廳 The Cliffs Cafe 於 2020 年易主，經歷大規模改造，以新名稱 Joey's 和時尚新外觀重新開業，是由當地知名、得獎無數的 Bellissimo Coffee 經營並提供簡單的菜單，也是觀賞河景和夜景的好去處；Bellissimo 在布里斯本還有另外三間分店。

地 29 River Terrace, Kangaroo Point
探險中心 網 http://www.riverlife.com.au/
Joey's 網 http://www.joeys.com.au/
Bellissimo 網 https://www.bellissimocoffee.com.au

昆士蘭州立圖書館
State Library of Queensland

　　成立於 1896 年，收集並保存昆士蘭全面文化和文獻遺產的館藏，可前來進一步深入了解澳洲。近來也推出播客（Podcast）「Cake 蛋糕」節目，從經典萊明頓蛋糕開始，講述相關歷史與故事，很有意思！

　　整個文化區還有州立博物館（Queensland Museum Kurilp）、美術館與現代美術館（Queensland Art Gallery / Gallery Of Modern Art）及藝術中心（Queensland Performing Art Centre），不定時還有昆士蘭芭蕾舞和昆士蘭交響樂團等精彩演出。

網 https://www.slq.qld.gov.au
網 https://www.slq.qld.gov.au/discover/podcasts/cake?cid=

工匠與工藝設計中心
artisan

　　「工匠」為非營利的昆士蘭工藝和設計中心，除了給予新興人材有平台陳列創作的機會，也有昆士蘭經典設

計。在這可觀賞到新穎的展覽點子、原住民設計，購買特色工藝品，也不定期舉辦特展。位在 King Street 都更街，地上、牆上都有許多有意思的藝術圖騰，對面還有遊樂場 Archie Brothers Cirque Electriq。

地 45 King Street, Bowen Hills
網 https://artisan.org.au

皇后街購物中心
Queen Street Mall

皇后街購物中心為布里斯本主要，也最熱鬧的步行購物街，從喬治街延伸至愛德華街約 500 公尺。有 700 多家零售商，包括主要購物中心，如 QueensPlaza、布里斯本拱廊與 Uptown 等。市中心也有 Taro's 拉麵與居酒屋、港式飲茶 Longtime、大衛麻辣燙、Doodee Boran 與泰式

找找迷你小門

在城市街弄內有好幾個藝術家設置了裝置藝術，如 Mace Robinson 設計的《愛麗絲夢遊仙境》的迷你小門（Tiny Doors）。很有趣，試試你找到幾個？

Pochana、Maru、Funny Funny 與韓式 Haeduri，以及越式 Pho City Vietnamese Authentic 等亞洲餐廳等選擇。每週二、三、四也分別在兩處有市中心農夫市集。

網 https://visit.brisbane.qld.au/inspiration/guide-to-queen-street-mall
Brisbane City Markets 網 https://goodwillprojects.com.au/markets/brisbane-city/

布里斯本拱廊
Brisbane Arcade

英國《每日郵報》1924 年曾描繪：「這座磚砌拱廊擁有現代化的商店與平板玻璃窗，被認為可以與雪梨和墨

爾本最好的拱廊相媲美，而且造價接近 7 萬英鎊……」這座由建築師理查德・蓋利（Richard Gailey Jr）設計的拱廊，於 1992 年列入布里斯本的市遺產名錄，並進行維修，以恢復其輝煌紀錄，並在 2024 年慶祝百歲生日。建築本身就是個景點，裡面還有許多特色小店，如眼鏡行、鋼筆店與咖啡館等。

對面的市府諮詢中心（Information Centre）也是很值得進去看看的古蹟，建築為麗晶劇院改裝而成。

網 https://www.brisbanearcade.com.au

James St

布里斯本最受歡迎的時尚商業街之一，擁有許多澳洲頂級時尚品牌，包括 Aje、Gorman、Camilla、Zimmermann、Sass & Bide、Scanlan & Theodore、Dion Lee、Nudie Jeans、Bec + Bridge、Dion Lee、Camilla & Marc、Lululemon、2XU 和男裝 Richards & Richards 與西裝裁縫等。

這邊的 Calile Hotel 獲得「世界 50 最佳飯店」2023 年全世界第 12 名，

也是大洋洲第一名，更是澳洲唯一上榜的飯店，陽光明媚的昆士蘭肯定幫忙加分不少！當然，此處也是美食重地，包括飯店內的 Sushi Room、Lobby Bar、Hallenika 和個人很喜歡的 Biànca、Same Same 與 Sk Steak and Oysters 等餐廳。

　　街的對面有老店 Harvey's，有許多仙人掌綠植的粉綠色餐館 The Green、摩登料理 Essa、The Lodge Bar，紐西蘭服飾品牌 Rodd & Gunn 附屬餐廳和烘培坊 Agnes Bakery、

可頌 Sprouts、ēmmē 餐廳、Fatcow on James St 牛排館、中東風味餐廳 Gerard's Bistro 等。附近 Happy Boy 的亞洲風味很可口，還有法國料理 Petite 與義大利麵 Ripiena。酒吧也不少包括 LOS Bar、Nixon Room、Cru Bar、Gerrie's Bar 等。必逛的頂級超市 The Standard Market 很推薦，可購買當地特色食材；也有精品電影院和室內攀岩，以及許多家飾服裝精品店。逛街的歐洲人很多，常可看到時尚人士聚集於此。

網 https://www.jamesst.com.au

龍柏無尾熊保護區
Lone Pine Koala Sanctuary

在無尾熊瀕臨絕種，急需保育繁殖之際，世界上第一個也是最大的龍柏無尾熊保護區，成為很重要的宣導中心。龍柏從 1927 年原本只有兩隻無尾熊傑克和吉爾，繁殖擴大至目前約有 130 多隻無尾熊與其他動物，成為熱門旅遊景點。有袋鼠園可親手餵袋鼠、觀賞鴨嘴獸、袋熊、鱷魚與其他動物；部分園區也開放晚間參觀時段。

昆士蘭是澳洲僅存仍合法可擁抱無尾熊的其中一州，另外為南澳與西澳。但為了更保護無尾熊，龍柏 2024 年宣布「不再讓遊客抱無尾熊」，但仍可以一起拍照或靠近牠。想抱無尾熊，還可前往黃金海岸的庫蘭賓野生動物保護區（Currumbin Wildlife Sanctuary）。布里斯本南邊還有一個較小的黛西山丘無尾熊中心（Daisy Hill Koala Centre），專門收養遭遺棄或無法自力更生的無尾熊，可免費觀賞野生無尾熊。黃金海岸的庫姆巴巴湖區保護區（Coombabah Lakelands Conservation Area）內棲息著 274 種動物，其中有 7 種是「易危」或「近危」動物，包括無尾熊、

親子生態體驗

離市中心約一小時車程，有個週日才開的駱駝農場 Summer Land Camels， 有超過 450 隻澳洲駱駝在茂密原生牧場上放牧，還可品嘗新鮮駱駝奶和相關產品，也是帶小朋友親近動物的好玩地方。

地 8 Charles Chauvel Drive, Harrisville
網 https://summerlandcamels.com.au

大隻的貓頭鷹和灰頭狐蝠，以及 24 種受國際保護的候鳥等，都可免費靠近牠們。

地 708 Jesmond Road Fig Tree Pocket
網 https://lonepinekoalasanctuary.com
庫蘭賓野生動物保護區 網 https://currumbinsanctuary.com.au；黛西山丘無尾熊中心 網 https://environment.desi.qld.gov.au/wildlife/animals/living-with/koalas/care-and-rescue/daisy-hill-centre；庫姆巴巴湖區保護區 網 https://www.goldcoast.qld.gov.au/Things-to-do/Parks-gardens-reserves/Park-Finder/Coombabah-Lakelands-Conservation-Area

新農場公園
New Farm Park

New Farm 這區近幾年來非常火紅，可說是澳洲都更非常成功的一區！保有老舊歷史外，還新增豐富文化、時尚潮流服裝、傢俱店進駐，不少知名美食餐廳也都分布在這裡。

新農場公園更可說是這裡的光點，這座擁有百年歷史的花園，四季皆有不同的百花齊放，除春天的藍花楹（Jacaranda）外，園中間還有一大片玫瑰園和許多繽紛的花卉。新農場公園為布里斯本最古老的公園，也因鄰近河岸旁，花圃美麗，每星期吸引超過萬名人次前來。遊樂區設施多，也往往吸引爸媽帶著小朋友前來。吹吹風曬曬太陽或是來這邊賞花野餐，都

感到溫馨的幸福。幸運的話，還有機會在河畔旁看到海豚跳躍游過喔！

在公園這邊也有我很喜歡的電力現代藝術館（Powerhouse Museum），館內的兩間餐廳 Bar Alto 和 Mary Mae's Bar & Kitchen 很不錯。電力現代藝術館前每週末也有 Jan Powers 市集，附近 Teneriffe 與 New Farm 這一帶也有許多特色餐廳。

比較有趣的是，藝術館最新推出的高空餐廳 Vertigo，也是布里斯本第一家垂直快閃餐廳，將屋頂用餐提升到一個新境界。高架餐廳距離地面四層樓高，懸掛在發電廠外部，客人得爬上離地面 17 公尺的座位上，再繫上安全帶。享用完 Bar Alto 提供的義大利風味套餐後，最終會透過安全吊索返回地面；喜歡刺激的人可以挑戰看看。

親子好去處

除了新農場公園，Milton 的 Frew Park、Gregory Park 和 Southbank 裡面的公園也都有超多兒童很喜歡的免費育樂設施。若想發洩一下，澳洲連鎖的投擲斧頭遊戲（Axe Throwing）也是另一種大人版的舒壓娛樂。

Axe Throwing 網 https://www.maniax.com.au/locations/brisbane

地 Brunswick St, New Farm
網 https://newfarmpark.com.au
電力現代藝術館 網 http://brisbanepowerhouse.org/
Vertigo Brisbane 網 https://vertigobrisbane.com.au

葡萄酒莊
Sirromet Winery

　　昆士蘭最成功的觀光餐廳酒莊，名稱是創辦人 Terry Morris 的名字反過來，挺有意思！由於昆士蘭位於亞熱帶地區，氣候釀酒較困難，但 Sirromet 卻成功釀造出許多獲獎好酒，並在昆士蘭南方如 Granite Belt 也擁有氣候更好的葡萄園地。前來酒莊的路上有一望無際的綠意，還會經過幾個幽靜湖泊，可愜意欣賞自然風光。除品酒外，餐廳 Restaurant Lurleen's 曾獲得不少獎項。前來享用美食啜飲好酒，在遼闊青草地或樹蔭下，偶爾還會發現袋鼠蹤影！另個酒莊 Ocean View Estates Winery & Restaurant 也值得去走走。

地 Sirromet Winery, 850 Mount Cotton Road Mount Cotton
網 https://www.sirromet.com
Ocean View Estates Winery & Restaurant
網 http://oceanviewestates.com.au/

©Sam Lindsay/Tourism and Events Queensland

庫塔山
Mt Coot-tha

很適合兩人約會或呼朋引伴，有事沒事開車上山看夜景的好去處，偶爾還會有流星幸運掃過。庫塔山一詞在原住民語為「蜂蜜」或「野蜂蜜」之意。1880 年州政府規劃成市民休閒之處，儼然成為重要觀光地區之一。觀景臺旁有重新裝修過的 The Summit Brisbane 景觀咖啡館、餐廳。

庫薩山保護區毗鄰達「吉拉爾國家公園」東南部，這兩個自然區域擁有面積達 40,000 公頃的森林，擁有壯麗的景色、季節性的小溪和瀑布。週遭更涵蓋了植物園，也有日本花園、宇宙天文館、植物標本館和野餐區，可散步爬山、騎自行車或騎馬等。來這看日出、夕陽、星空、賞飛機起降；眼界遼闊，居高臨下時，體悟世界很大，生活要在當下。

地 Sir Samuel Griffith Drive, Mount Cootha
網 https://www.brisbane.qld.gov.au/things-to-see-and-do/council-venues-and-precincts/mt-coot-tha-precinct/mt-coot-tha-attractions/mt-coot-tha-lookout
The Summit Brisbane
網 https://www.facebook.com/SummitBrisbane/

澳紐軍團廣場
ANZAC Square War Memorial

縮寫 ANZAC 是澳紐聯軍 Australian and New Zealand Army Corps 的 簡稱，也是澳紐軍隊首次加入第一次世界大戰的大型軍事活動。每年 4 月 25 日為國定澳紐聯軍紀念日（ANZAC Day）為公眾假日，紀念 1915 年在加里波利之戰犧牲的澳紐聯軍將士。1930 年在布里斯本市中心，熱鬧的中央車站的前方蓋了 ANZAC 廣場公園和紀念碑，提醒大家「惟恐遺忘」。

廣場中間總會點上紀念香，緬懷參與了這幾場重要戰爭的昆士蘭人。傳承相當重要，雖傷痛失去，卻仍是成就現在澳洲的重要犧牲！

🏠 ANZAC Square, Adelaide Street
🌐 https://www.anzacsquare.qld.gov.au

佛光山中天寺
Fo Guang Shan Chung Tian Temple

位於布里斯本市與洛根市交界之國家森林公園內，占地 80 英畝，一部份還是保護區。樹林參天，風景幽美、宜人，旁邊還有幽靜蓮花湖與人

行步道。寺廟是海外遊子祈福、祭拜祖先及尋求心靈平靜的重要之地，也常舉辦許多活動，包括農曆新年、浴佛節、佛學講座與法會等。這邊也有美術館與滴水坊值得前往。佛光山在雪梨有南天寺，墨爾本與西澳也有分會道場。此外，布里斯本另外還有三聖宮、泰國寺廟及越南寺廟等，也有慈濟中心與靜思書軒。

地 1034 Underwood Rd, Priestdale QLD 4127
網 https://www.chungtian.org.au/
南天寺 Fo Guang Shan Nan Tien Temple
180 Berkeley Rd, Berkeley NSW 2506
https://www.nantien.org.au/
靜思書軒 Jing Si Books & Cafe（Brisbane）
Suite 3/60 Rosebank Square, Salisbury QLD 4107
https://jingsi.org.au/

美食、酒吧、咖啡館

近年來，布里斯本美食可謂吐氣揚眉，並讓其他城市及國際媒體都感驚豔。對比澳洲其他地方，布里斯本美食相對實在，而且講究新鮮食材與烹調技巧，更顯可口、原汁原味。

如今，許多雪梨與墨爾本名廚相繼來布里斯本開分店，包括早期的 OTTO，還有從雪梨來的 Stanton 在市中心 Queens Plaza 的二樓開分店後，又開了藝術感十足，餐酒館兼食物零售店的 The Wolf。墨爾本名廚 Guy Grossi 的義大利料理 Settimo；Supernormal 的第一間跨州餐廳與旗下 Bar Miette 酒吧。全世界最有名可頌店，墨爾本的 Lune Croissanterie 開了兩間分店；Baker D. Chirico 也在 Newstead 開分店。也有如澳洲名廚 Martin Boetz 返鄉開了泰國菜 Short Grain。當然，也有許多中餐與亞洲餐廳等。

Agnes

「澳洲美食旅行者」評為 2023 年最佳餐廳（全澳洲），是該獎項舉辦 44 年以來第二間得到此殊榮的昆士蘭餐廳，更獲《紐約時報》列為布里斯本必訪景點，自開幕以來人氣高居不下。昆州第一間直火料理，只用木材火烤，沒有烤箱、瓦斯或電爐；主要菜色靠功力拿捏火候完成。熟成魚、鴨肉等都很美味；連馬鈴薯配菜與自製酸種麵包都好吃。甜點也是招牌必點！用原始方式料理出精緻美味，回到食物本身，讓布里斯本美食界驕傲無比！

隸屬同集團 Anyday 旗下的義式料理 Biànca Restaurant、泰式料理 Same Same、泰式酒吧 LOS Land of Smile、亞洲料理 Honto 與烘培坊 Agnes Bakery，處處人聲鼎沸。2025 年 Anyday 集團也預計將在市中心開設多家新餐廳，令人期待。

網 https://anyday.com.au/

RDA Restaurant Dan Arnold

　從法國米其林二星餐廳回到布里斯本，1998 年開的 RDA 餐廳是 Dan Arnold 第一家餐廳。在法國工作期間，Dan 代表澳洲參加了 2017 年博古斯美食廚藝金球獎（Bocuse d'Or）世界總決賽，並獲得第八名，是澳洲有史以來最好成績！以精湛的法國料理手法烹調屬於澳洲的風味，是較為正式的餐廳；以主廚特選套餐為主，套餐尾聲的起司拼盤更是豐富誘人。這幾年，Dan 也接手了布里斯本的的老牌法國料理餐廳 La Cache à Vin，並與主廚 Matt Blackwell 合作了 Pneuma 一家在古希臘語中為「呼吸」（πνεῦμα）的現代餐廳。

　另一間 The Exhibition 是 Tim Scott 與當地知名越裔 Thai Hoa Grocer 蔬果商合作的餐廳，帶著濃厚日式風味的主廚特選套餐，細膩精緻。另外由女廚師 Sarah 主導的套餐餐廳 Joy，訂位困難，要即早預約。

網 https://www.restaurantdanarnold.com
La Cache à Vin 網 https://lacacheavin.com.au
Pneuma 網 https://www.pneumarestaurant.com.au
The Exhibition 網 https://www.exhibitionrestaurant.com
Joy 網 https://www.joyrestaurant.com.au

陌生人議會餐廳
Strangers' Restaurant

非常與眾不同的餐廳，位於昆士蘭議會大廈內，過去若想用餐，得要由議員宴請或會員制才可入場。現在特定日期向公眾開放，議會開會時期則不對外營業。出入議會大廈需經過安檢；餐廳配有早期澳洲雪松軛背椅、鑲嵌鑲木地板，以及反映維多利亞時代晚期建築風格的室內裝飾，還可看到官方徽章等，挺氣派的！

餐點很具澳洲特色，別忘了試試議長琴酒（Speaker's Gin）。

地 Parliamentary Annexe, 69 Alice Street,
網 https://qldparliamentdining.com.au/strangers-restaurant/

沃爾特牛排館
Walter's Steakhouse and Wine Bar

市中心植物園對面的人氣牛排館，以紅色皮革座位為主，裝潢很復古。供應紐約風味的肉類菜餚，以頂級熟成澳洲牛肉為主。澳洲是生產牛肉大國，別忘了來點一份澳洲九級安格斯和牛！集團近來也把市中心知名且歷史有 140 年，前身為馬球俱樂部的古蹟，改為諾登洋房（Naldham House）匯集餐廳、露台酒吧等，成了市中心最潮的新據點。另外，河岸

景觀餐廳姊妹店 Popolo 品質也一向穩定。

名廚 Ben O'Donoghue 與牛隻牧場合開的 Establishment 203、高檔牛排與生蠔餐廳 SK Steak & Oyster、Fatcow，以及老字號經典開放式牛排館如 Norman Hotel 及 Morrison Hotel 皆各有死忠顧客。

網 https://www.waltersbrisbane.com.au
SK Steak & Oyster 網 https://sk-so.com
Establishment 203 網 https://establishment203.com
Fatcow 網 https://www.fatcowrestaurant.com.au
Morrison Hotel 網 https://www.morrisonhotel.com.au
Norman Hotel 網 https://normanhotel.com.au

鮨
Sushi Room

布里斯本最高檔日本料理，也是個人心目中的最佳日料店。位於 Calile 飯店內，檜木板前的長桌如舞台般搶眼，圓拱型挑高天頂設計非常有禪意，是優雅低調的奢華風。由晉平（Shimpei Raikuni）料理長坐鎮，有

板前壽司 Omakase 共 21 道菜，以及套餐與單點選項，展現出地道江戶前壽司風味。漁獲空運，非常新鮮，常會吃到很特別的食材，如黑鮪魚最珍貴稀少的金三角、Kama Toro 部位，以及上好澳洲鮑魚、海膽等。

其他的日本料理店也不少，附近有日本人都愛去的 Mizu 生魚片蓋飯，或高級市場內的 Fresh Sushi Co，也是簡單好選擇。

網 https://www.sushiroom.com.au
Mizu 網 https://mizurestaurant.com.au
Fresh Sushi Co 網 https://www.jamesst.com.au/
directory/the-fresh-sushi-co/

OTTO Brisbane

比較早從雪梨跨州來布里斯本的義式料理 OTTO，餐廳遷移至 Southbank River Quay。在 Southbank 末端的三角區塊，也是觀賞市區與河岸首選的景觀餐廳。招牌昆士蘭建築 Queenslander 有著典型的簡潔美，讓陽光溫暖整個空間，而且通風自在。若剛好有限定龍蝦義大利麵必點或遇到松露季可不能錯過松露冰淇淋甜點。餐廳座落在昆士蘭海事博物館（Queensland Maritime Museum）旁，用完大餐後可參觀或沿著南岸公園河岸散步去！

另外威斯汀飯店（Westin）內的義式料理，墨爾本名廚 Guy Grossi 的首間跨州餐廳 Settimo 氣氛口味皆舒服。Grossi 師傅曾獲義大利總統頒發

「海外出色義大利餐廳」（L'insegna Del Ristorante Italiano），墨爾本有多家餐廳。

其他較輕鬆的義式料理餐廳，還有 Julius、Beccofino、Pilloni、Tartufo、Mosconi 及 Bar Rosa 都各有風味。

網 https://ottoristorante.com.au/brisbane/
Settimo 網 https://www.settimo.com.au
海事博物館 網 https://maritimemuseum.com.au

喬有名熟食店
Joe's Famous Deli

來自黃金海岸的 Joe's Famous Deli 在市中心開了分店，自稱「有名」跟「全世界最好吃的三明治」；店內塗鴉插畫很可愛，有年輕活力的氣氛。每到中午用餐時間就大排長龍，一定要試試它的龍蝦堡與熱狗堡，才是午餐「出名」的選擇。

網 https://joesdeliofficial.com

死亡與稅收
Death & Taxes Bar

Death and Taxes 是 Martin Lange 的酒吧，之前也合作經營包括 Cobbler 和 Savile Row 酒吧。位於 Burnett Lane 的紅磚瓦古蹟中，調酒種類超多，連菜單都設計得非常別緻；酒保現場點火，讓人跟著熱情燃燒的「Mesmer 催眠術」超酷必點！

同一條巷子還有有巷弄餐廳始祖之一 Brew Café & Wine Bar；附近有專賣義大利博洛尼亞傳統蒸餾 Amaro 利口酒的 Before + After，以及以美國搖滾歌手艾利斯‧庫珀（Alice Cooper）為靈感的 Alice Bar，可扭蛋決定威士忌酒款或是打場撞球消磨

時光。另外 Dr Gimlette Brisbane、Brooklyn Standard、Miss Demeanour 也各有特色。

網 https://www.deathandtaxesbar.com.au
Brew 網 https://www.brewcafewinebar.com.au
Before + After 網 https://www.instagram.com/beforeandafterbar/
Alice 網 https://www.alicebar.com.au
Dr Gimlette Brisbane 網 https://www.drgimlettebar.com.au
Brooklyn Standard 網 https://www.brooklynstandard.com.au
Miss Demeanour 網 https://www.missd.com.au

The Gresham Bar

市中心古蹟建築內非常有名的威士忌吧，昆士蘭唯一列入古蹟酒吧的地方。這裡珍藏的威士忌酒非常多，還有品酒小包廂，更曾獲評為澳洲最棒酒吧，喜歡威士忌的朋友肯定要朝聖一下。

地 308 Queen St, Brisbane City
網 https://www.thegresham.com.au

屋頂露台酒吧
Terrace Rooftop Bar, Emporium

位於 Emporium 精品旅館頂樓，旅館是 2018 年開發的豪華旅館之一，可觀賞布里斯本河岸市中心景觀，餐廳全年供應早餐、咖啡、雞尾酒。布里斯本市區內還有其他好幾間屋頂露台餐酒吧，如 Iris、Sixteen Antlers、Sunsets、Fiume、Soko、Maya Mexican、Cielo 及 Valley Hop Brewing 等。

網 https://www.emporiumhotels.com.au/bars-dining/the-terrace

Maker

位在越來越熱鬧的 Fish Lane 上非常窄小空間，坐在吧台想喝什麼直接跟酒保點，是個人最喜歡的創意酒吧。酒保每次調配都非常有創意，不管是添了點豬油還是限量得獎威士忌，總讓人驚喜滿滿！很值得來小酌放鬆一下。附近的 Maeve 與 La Lune Wine Co 餐酒館也一樣很有水準。

地 9 Fish Ln, South Brisbane
網 https://www.instagram.com/makerbrisbane/
Maeve Wine 網 https://maeve.wine
La Lune Wine Co 網 https://lalunewineco.com.au

Pancakes the Manor

　　布里斯本歷史最悠久 24 小時不夜「教堂鬆餅」。雖然很多當地人不懂為何這間平凡的鬆餅店可屹立不搖多年，而且竟又陸續開了分店，且不斷吸引許多遊客特地前來。位於市中心聖路加大教堂建築內，約於 1979 年改裝成這家招牌鬆餅店。風格獨特且為早期少有的 24 小時餐館，因此成了當地 Brisbanites 白天夜晚都會前往捧場的餐廳。還曾根據教風，依據齋戒傳統推出所謂的「懺悔星期二」

趣味活動等。即便味道簡單但選擇豐富，鬆餅教堂基本信徒還不少喔！

市中心店
地 18 Charlotte St, Brisbane
網 https://www.pancakemanor.com.au

Death Before Decaf

　　超有個性 24 小時營業的咖啡館，受刺青文化和重音樂啟發的名店，晚上時常有重機車隊聚集在此。澳洲人就是愛咖啡，而這任性的咖啡癮，好在有 24 小時咖啡店神救援！

　　布里斯本的 Fortitude Valley 區

有中國城，更是夜生活重點區，這邊的大人遊戲場 B. Lucky & Son 有賽車機、籃球機與酒吧。還有許多 nightclub，如 Zyon，複合式有 KTV 的 Ballers Clubhouse，以及主攻亞洲風的電音夜店（在澳洲雪梨、伯斯、阿德雷德有連鎖店，WAO Superclub 旗下布里斯本的 WAO Brisbane）等。

網 https://deathbeforedecaf.com.au
B. Lucky & Son 網 https://www.luckyandsons.com.au

約翰米爾他自己
John Mills Himself

前身為出版社，幾年前才在二手書店後方新增了這人氣頗旺的古蹟咖啡館。也因為出版社建築和與後棟最大的二手書店 Archive Fine Books 相通的淵源，所以我總是特別喜歡介紹這間店給朋友，也是第一間完全採用昆士蘭在地產品的咖啡館。附近 Strauss 及藏在巷子內的 Anytime Coffee 也很優。類似的咖啡小店，如 Bunker、Blackstar 與 Reverends Fine Coffee 等也各具特色。

地 40 Charlotte St, Brisbane City
網 https://www.instagram.com/johnmillshimself/?hl=en
Archive Fine Books
網 https://www.archivesfinebooks.com.au
Strauss 網 https://strausscafe.com.au
Anytime Coffee 網 https://instagram.com/anytime.coffee
Bunker 網 https://www.instagram.com/bunkercoffee/
Blackstar Coffee 網 https://blackstarcoffee.com.au
Reverends Fine Coffee
網 https://reverendsfinecoffee.com

Merlo Flagship Store

　　昆士蘭也是有自己的咖啡品牌！Merlo 旗艦店位於 Bowen Hill 剛裝修完成，安裝了自動化的豆子運送管道。為澳洲領先獨立擁有和經營的咖啡烘焙商，並有 16 家門店，批發給一千多家咖啡館和餐廳，且銷售海外。到布里斯本若要找當地咖啡，那就不能錯過 Merlo。另外，布里斯本烘培咖啡還有 Blackstar、Bear Bones Coffee、Fonzie Abbot 等。雪梨的 Campos Coffee、Single O、Toby Estate，以及墨爾本的 Industry Beans 與 St ALi 等，也陸續在布里斯本設立直營旗艦店。

地 10 Thompson St, Bowen Hills
網 https://www.merlo.com.au
Bear Bones Coffee 網 https://bearbones.com.au
Fonzie Abbot 網 https://bearbones.com.au
Blackstar 網 https://blackstarcoffee.com.au

Coffee Anthology ／ InterSection

　　由台灣人 Adam Wang 夫妻與股東合夥的 Coffee Anthology，遷移到市中心古蹟中，新空間超大稱為 InterSection。店門口精選各地不同

的精品咖啡豆，讓客人可品嚐不同豆子不同風味；後方區域以精品手沖咖啡為主，不定期邀約知名咖啡師，如邀請墨爾本的世界咖啡師冠軍 Anthony Douglas 客座，或展示名店豆子，如台灣 Moonshine 和荷蘭 Manhattan Coffee Roasters 等。中間區域，由曾獲許多獎的台裔甜點師 Justin 主理的 Whisk Fine Patisserie，販售人氣法式可頌丹麥麵包。同條街上的姊妹店 The Mailard Project 以自家烘培豆為主，威士忌木桶的咖啡豆很特別。

市中心另一間也是台灣人經營的咖啡館 Coffee Iconic，如世外桃源一般，鬧中取靜、綠意十足，是非常舒服的空間；餐點與咖啡也都很有特色。另外，還有很多台灣人經營的咖啡館或餐廳，如呷飽沒（Jia Ba Way）、Hihi Desserts & drinks、New Farm Fish Café ╱ Joe 哥麵店、Espresso Legend、Supernumerary、Bun & Espresso、中華炸翻天、百家千味、元寶餐廳與摩斯漢堡等。

網 https://www.intersectionfd.com.au
Whisk 網 https://thewhisk.com.au
The Mailard Project
網 https://www.instagram.com/themaillardproject/
Coffee Iconic
網 https://www.facebook.com/coffeeiconic.au

Nodo

澳 洲 名 人 凱 特 威 廉 斯（Kate Williams）2014 年開設的 Nodo（發音為 no-dough 意指沒有麵團），結合工法和天然無麩質成分，創立「烘焙而非油炸」甜甜圈。無麩質甜甜區吃起來像蛋糕，意外健康卻美味，更開了八間店，也是熱門網紅打卡店，是健康精美、傳播快樂的烘焙食品。

旗 艦 店 附 近 的 Agnes Bakery 的柴火酸種麵包、法棍，還有自製醃燻奶油都很好吃。餅乾店 Brooki Bakehouse 則 是 人 氣 網 紅 店；Jocelyn's Provisions 算 老 字 號 烘 培坊，蛋糕、餅乾與肉派都是招牌；對岸 的 Darvella Patisserie 也是小巧可愛的街坊烘培坊。此外，布里斯本也有兩間來自墨爾本最棒可頌 Lune 的分店。澳 洲 人 近 來 也 很 愛 素 食（Vegan）餐廳，Dicki's Café 有兩間分店還吸引好萊塢明星特地朝聖。

旗艦店
地 1 Ella St Newstead
網 https://nododonuts.com
Agnes Bakery
網 https://anyday.com.au/agnes-bakery-menu
Brooki Bakehouse
網 https://www.brookibakehouse.com
Jocelyn's Provisions
網 https://jocelynsprovisions.com.au
Darvella 網 https://darvellapatisserie.com
Lune
網 https://www.lunecroissanterie.com/brisbane-cbd/
Dicki's Café 網 https://dickis.com.au

河山
Mountain River Patisserie

澳洲近年來吹起一陣抹茶風，日本人很愛，名廚都推薦，而且大家還願意開車特地過去，裝修得溫馨舒服很有日式風味的名店，便是河山。河山其實是香港夫婦 Sing 與 Bef 開的，而拿手甜點竟是日系蜂蜜蛋糕與起司蛋糕等。在這也可買到日本抹茶、茶道具，也有 Padre 咖啡，是超人氣南區小店。

市中心「無他」Wuta Brewers 與 Wuta Cafe 也販售很高檔的小山園抹茶與濃郁抹茶霜淇淋。La Macelleria Gelateria、Gelateria Cremona、Milani House of Gelato 與南區 Milani Minus Eight Degrees 則是當地吃冰好去處與得獎名店。

地 84 Mango St, Runcorn
網 http://www.mountainriverpatisserie.com
Wuta Brewers
網 https://www.instagram.com/wuta_brewer/
La Macelleria Gelateria
網 https://www.lamacelleriagelateria.com
Gelateria Cremona
網 https://www.facebook.com/profile.
php?id=100057066535672
Milani House of Gelato
網 https://milanigelato.com
Milani Minus Eight Degree
網 https://www.facebook.com/MilaniMarketSquare/

©Tourism Australia, Dreamtime Snorkel Tours & Cruises
https://dreamtimedive.com/

Part 5　陽光之州，黃金海岸、陽光海岸、凱恩斯

昆士蘭州如聚寶盆坐擁許多知名景點！布里斯本舉頭有陽光、低頭見黃金；布里斯本以北有陽光海岸，往南是黃金海岸。北昆沿海遍佈大自然的餽贈，綿延著多彩的大堡礁群島、心型礁島，或如珍珠撒落的白天堂沙灘，相當適合帶親子接近大自然，或是來趟雙人浪漫之旅。

黃金海岸，動靜皆合宜
Gold Coast

　　黃金海岸以其綿延 57 公里的迷人的海岸線、白沙灘與沖浪者天堂而享譽國際。悠閒的生活方式每年吸引至少 12 萬遊客，來自大中華區的遊客陸續增長，也一直是日本遊客的夢幻旅遊目的地。

　　這是座人造城市，也被稱為「南方威尼斯」運河比威尼斯還多。衝浪者天堂有新蓋好的朗廷飯店，也可至海灘散步，或是到澳洲最高樓之一的 Q1 SkyPoint 觀景台俯瞰全市風貌。衝浪者天堂也有好幾間日式

異國風小餐館、刺青街,與五光十色的夜生活酒吧與俱樂部等。中央商務區為充滿活力的 Southport,有中國城與台商裕豐集團(YFG)經營的 Australia Fair 商場,附近許多亞洲餐廳,如川王府、GOTO 日本料理或 Shiro 麻糬冰淇淋等。繼續往南則是 Broadbeach 區,有賭場飯店 The Star 和國際會議中心,更有許多美食餐廳與咖啡館,附近還有澳洲第四大購物中心 Pacific Fair。

吸引世界各地衝浪者的指標性衝浪海灘,包括伯利角(Burleigh Heads)、鯛魚岩(Snapper Rocks)和季拉海灘(Kirra Beach),這幾處都曾舉辦過國際衝浪比賽,並以長距離衝浪和清澈碧藍海水而著名;在許多不起眼的小巷子,也時常會找到很有雅痞異國風格的家居用品等。黃金海岸也是最多主題公園的城市,新落成的美術館區(Home of the Art)更是充滿精彩活力的文化中心。輕軌也新增了停靠點,讓交通更加便利。

黃金海岸,真的有許多黃金寶藏吸引人去探索遊玩。亦正如 Southport 中心外頭,路上寫的「富貴」迎賓大道,相信前來黃金寶地肯定會有豐富的收穫!

黃金海岸主要旅遊網
網:https://www.destinationgoldcoast.com

衝浪者天堂
Surfers Paradise

　　衝浪者天堂是最知名國際的地標，充滿熱情陽光，座落於海岸線白沙灘的中心位置，不管假日或平時，人潮都很多。海邊也有好幾間飯店可俯瞰衝浪和沙灘風光，夜生活也豐富，有很多酒吧與娛樂場所聚集於此。娛樂部分包括了 Indoor Skydive 或信不信由你（Believe it or not），以及超人氣的水陸兩棲冒險鴨（Aquaduck）帶你上路下海去看景點。每週三、五、六和周日的衝浪者天堂海濱市集（Surfers Paradise Beachfront Markets），可發掘很多當地特製精巧手工藝品。

網 http://www.surfersparadise.com/
Indoor Skydive 網 https://ifly.com.au/locations/gold-coast
信不信由你 網 https://www.ripleys.com/attractions/ripleys-believe-it-or-not-surfers-paradise
兩棲冒險鴨 網 http://www.aquaduck.com.au/
海濱市集 網 https://www.surfersparadisemarkets.com.au

©Tourism and Events Queensland

坦柏林山
Tamborine Mountain

　　有「黃金背後的綠林」之稱，山名源自於原住民，與樂器無關，是澳洲很受歡迎的旅遊景點，秋天時也是賞楓好地點。這一帶有藝術畫廊、Franquette 烘培坊、咖啡館和紀念品商店的街道，也有釀酒廠 MT Brewery 與餐廳等。山中還有日式花園。山北邊（North Store）的小商家也蠻好逛，有野餐天然食品餐廳 Picnic Real Food Bar，推崇零廢棄環保理念，連水都是利用太陽能過濾。雲霧繚繞的坦伯林山內，還有最新的日式健康風格、公共浴池水療 SOL Elements；附近也可體驗泰山飛行（Tree Top Challenge）的樹林冒險挑戰遊戲，在高達 60 尺高山上試著飛躍杉林；也有天空步道與植物園（Tamborine Rainforest Skywalk）。偶爾上山去呼吸新鮮空氣，放鬆同時為人生再充電！

Tree Top Challenge
網 www.treetopchallenge.com.au
Tamborine Rainforest Skywalk
網 https://skywalktamborine.com

萊明頓國家公園
Lamington National Park

萊明頓國家公園座落黃金海岸附近，從 Broadbeach 區開車往內陸方向，車程大約 45 分鐘。沿著麥弗遜山脈（McPherson Range）有許多健行步道，遊客可以探索森林，小溪和瀑布，Coomera Falls 瀑布便是人氣很高的拍照地點。高原西部則是奧賴利地區（O'Reilly）。

這一帶有露營區及高檔 Night Fall 帳篷，露營區坐落在巨大神祕古代地質頂部，地質是附近的山脈（Mt Warning）其流動熔岩冷卻凝固而來。野生豪華帳篷可容納六個人，在隱祕環境下還能在野外享受有機美食，或在樹蔭下溪流上來個戶外 Spa 按摩，是非常棒的野外體驗。不想露營的朋友也可以選擇很知名的環保飯店雨林靜舍（O'Reilly's Rainforest Retreat）感受雨林中的寧靜。附近也有酒莊（Canungra Valley Vineyards）與有人氣的草泥馬農場（Mountview Alpaca Farm）。

在澳洲郊外旅行最讓人放心的是：儘管往深山跑，只要是公園區，廁所也都很乾淨！

網 https://www.npsr.qld.gov.au/parks/lamington/
高級帳篷住宿（Night Fall）
網 http://www.nightfall.com.au/
雨林靜舍 網 https://oreillys.com.au/
酒莊 網 https://oreillys.com.au/canungra-valley-vineyards/
草泥馬農場 網 https://mountviewfarm.com.au

©Tourism and Events Queensland

©Tourism and Events Queensland

春溪國家公園
Springbrook National Park

壯觀瀑布、茂密熱帶雨林、古老樹木，有著令人印象深刻的景觀，生態的重要性和自然美景，名列世界遺產的岡瓦納雨林（Gondwana Rainforests）很值得推薦前往；還有高 109 公尺的瀑布（Purling Brook Falls）是許多人會特地前往的地方。

國家公園內還有澳洲最大的藍光螢火蟲洞（Natural Bridge Glow Worm Caves），為保護特殊螢火蟲的生態區，位於春溪國家公園的天然橋（Natural Bridge），此處路途較遠，夜晚前往時，最好要有熟悉的朋友帶路，或是參加當地旅行社的導覽團會比較好。澳洲特種藍光螢火蟲稱之為光菌蠅，對生態改變非常敏感，是澳紐特有種，中文資料介紹不多；觀賞最佳月份約為 12 月至 3 月。景觀渾然天成，又處潮濕的雨林區，天黑前往時要小心腳步並同時攜帶手電筒（建議兩人共用一把）；使用時，需朝地面照射並建議不要拍照，以保護螢火蟲的生態。

地 Springbrook Rd, Springbrook（腹地範圍大，需依前往地區查詢正確方向）

網 https://parks.des.qld.gov.au/parks/springbrook

朗廷酒店
Langham Hotel

雖然凡賽斯不再與華人業主續約，也將原先的酒店改名為 Imperial Hotel，但黃金海岸又新增了這五星級，有 169 間客房和套房的朗廷酒店；旁邊則是飯店管理的公寓 Jewel Residences。坐落在衝浪者天堂，高聳的三座水晶建築是這區最新地標。內部採用經陽光漂白的木材及大量青色、天藍色和棕褐色色調，營造出海岸與城市相遇的氛圍，並有多家餐廳，包括招牌粵菜餐廳唐閣、大廳酒廊、品牌下午茶、泳池和空中露台酒吧，可欣賞一覽無餘的海景。

網 https://www.langhamhotels.com/en/the-langham/gold-coast

©Tourism and Events Queensland

Q1 塔
Q1 SkyPoint

昆士蘭一號大樓或稱 Q1，是座 322.5 公尺的超高摩天大樓。在 2005 年至 2011 年期間，是世界上最高的住宅大樓。截至 2023 年，它仍是澳洲最高的建築，建築靈感來自 2000 年雪梨奧運火炬，也是目前世界第七高的住宅大樓！上面的景觀台是飽覽黃金海岸最佳地點。附近 Crowne Plaza 頂樓的旋轉餐廳也是懷舊、好玩且觀賞風景絕佳的好地方。

網 https://www.skypoint.com.au
Crown Plaza Sky Dining
網 https://www.crowneplazasurfersparadise.com.au/eat-and-drink/horizon-sky-dining/?gad_source=1

賭場娛樂中心暨飯店
The Star Gold Coast

澳洲 The Star 集團黃金海岸的賭場飯店，是以前熟知的木星賭場，集團為升級品牌形象並連貫雪梨與布里斯本的分點，現也改稱為 The Star，同時斥資 3.45 億澳元擴大加蓋飯店並重新裝修。餐廳選擇也更多有中餐 Uncle Su、Garden Kitchen & Bar、自助餐 Harvest、景觀牛排餐廳 Nineteen at The Star、日本料理 Kiyomi 等。此處也緊鄰黃金海岸的藝術中心與會議中心。

地 1 Casino Dr, Broadbeach
網 https://www.star.com.au/goldcoast/

Pacific Fair

投資 6.7 億澳元，購物中心 Pacific Fair 整修擴大後，目前為澳洲第四大商場。擁有約 420 家商店，包括國際精品，也有許多澳洲知名品牌和餐廳小店等。The Brickworks Centre 則是此處較為精品式小商區，也挺好逛。另外，黃金海岸也有暢貨中心 Harbour Town，布里斯本的暢貨中心則是 DFO。

地 Hooker Blvd, Broadbeach
網 https://www.pacificfair.com.au
The Brickworks 網 http://brickworkscentre.com.au/
Harbour Town Outlet Centre
網 http://www.harbourtowngoldcoast.com.au/
DFO 網 http://www.dfo.com.au/

©Tourism and Events Queensland

主題樂園大集錦

黃金海岸有超多個樂園，所以也是孩子們最喜歡的地方！華納兄弟世界影城（Warner Bros. Movie World）、威灣水上公園（Wet'n'Wild）、海洋世界（Sea World）、鄉村天堂（Paradise Country）、澳野奇觀晚餐文化秀（Outback Spectecular）、夢幻世界（Dreamworld）、可倫賓鳥園保護區（Currumbin Wildlife Sanctuary）等，全部都聚集在黃金海岸這一帶。每天都去玩一個樂園，保證超級過癮！若計劃參觀不只一個主題公園，可考慮購買 Mega Pass，包含了威灣水上樂園、世界影城、海洋世界和鄉村天堂的門票；夢幻世界與可倫賓鳥園保護區的門票則需分開購買。

網 https://themeparks.com.au
可倫賓鳥園保護區
地 28 Tomewin St, Currumbin
網 https://currumbinsanctuary.com.au/

©Tourism and Events Queensland

海陸美食匯集

黃金海岸美食的復興路上，新增許多特色創意料理、餐酒館、精釀啤酒餐廳與精品咖啡館等；Broadbeach 與 Burleigh 兩區更是美食雲集超熱鬧。Broadbeach 一帶有 Social Eating House、Kōst、Mamasan Kitchen & Bar、No Name Lane 咖啡、Esk 咖啡館、懷舊的泰麵 Boonchu Thai Food。伯利角著名的餐廳，如 Restaurant Labart、Rick Shores、Burleigh Bakehouse、Tarte Bakery 等都是平時就喜歡與朋友相約的地方。

其他較正式的餐廳包括了美術館內的 The Palette、小松露餐廳 Little truffle。當然也有如日本料理 Chanoyu 的豆奶擔擔麵，以及 Goya 炸豬排三明治等亞洲風味。當然，派對城市也少不了澳洲最大飯店集團之一 Artesian Hospitality 主導的最大屋頂露天泳池酒吧（Cali Beach & Rooftop Lodge）。對了，還有鬼屋餐廳 Dracular，有膽的可去試試。

藝術之家美術館與館內調色盤餐廳
HOTA Gallery & Palette Restaurant

盤中的藝術！調色盤餐廳位於澳洲首都之外，最大的公共畫廊美術館的 HOTA（Home of the Art）Gallery 內，提供藝術與美食的獨特融合。精心挑選的酒單和當地食材，延伸整個藝術體驗；從展出的藝術品與展覽中汲取靈感，展示藝術與食物如何自然地融合。最有特色是，根據每次不同展覽所設計的甜點，總是充滿巧思。美術館樓上也有景觀絕佳的 The Exhibitionist Bar，可飽覽整個黃金海岸中心。

地 135 Bundall Rd, Surfers Paradise, Gold Coast Area
網 https://hota.com.au/visit-and-explore/dining-and-nightlife/palette-restaurant
HOTA 網 https://hota.com.au

Restaurant Labart 和 Rick Shores

位於伯利角的餐廳，由主廚 Alex Munoz Labart 領軍的澳洲風味料理並榮獲最佳地區餐廳獎，菜餚用心實在。精選了當地食材，連麵包都是使用在地店家（Burleigh Bakehouse）的酸種麵包，餐廳自製的奶油更是很香濃。

附近另一間餐廳 Rick Shores 時常得獎，以亞洲風味料理聞名，它樓上 的 The Tropics 同樣是很受歡迎的景觀餐廳。

往南也有人氣早午餐 Stable Coffee Kitchen 和烘培坊 Baked Ancora，以及靠近危險角的 Pipi's、Awaken Café 等新餐廳。

Restaurant Labart
地 8 West St, Burleigh Heads
網 https://www.restaurantlabart.com
Rick Shores
地 3/43 Goodwin Terrace, Burleigh Heads
網 https://www.rickshores.com.au
The Tropics 網 https://thetropic.com.au
Stable Coffee Kitchen 網 https://www.cornerstonestores.com/stable-coffee-kitchen
Baked Ancora 網 https://www.bakedatancora.com.au

Social eating house + bar

連續多年獲得最佳主廚獎項，餐廳 Social Easting House 的人氣一直很旺。坐落在飯店 Pepper's Broadbeach 樓下，以為共食概念，從小點至共食的大盤主菜等，混合了西班牙、日本與澳洲的創意料理風格。菜色豐富、盤盤講究。同一區的創意料理 Mamasan，也是奪得許多澳洲餐廳獎項，生意很好的酒吧餐廳。

另外，附近也很多居酒屋與餐酒館，如低調的居酒屋 Etsu Izakaya、泰 國 菜 Lucky Buddha、創 意 料理 Eddy + Wolf 或墨西哥菜 Bonita Bonita 等。

地 S137, Oracle South 3 Oracle Blvd Broadbeach
網 https://socialeatinghouse.com.au
Mamasan 網 https://www.mamasanbroadbeach.com
Etsu Izakaya 網 https://www.etsu.com.au
Lucky Buddha 網 https://www.luckybuddha.com.au
Eddy + Wolf 網 https://eddyandwolff.com.au
Bonita Bonita 網 http://www.bonitabonita.com.au

Hurricane's Grill Surfers Paradise

這家牛排館目前在澳洲共五間分店，品牌成立超過 26 年，是雪梨人氣餐廳。剛在黃金海岸開幕的時候可都要排隊，以火焰烤牛排和肋骨最為出名。延續餐廳一貫的休閒用餐氣氛，可以觀賞黃金海岸地標風光，是這一區的人氣餐廳首選。另外一間肋排餐廳 Mike's Kitchen，也是當地人很愛的名店。

地 4-14 The Esplanade, Surfers Paradise, Level 1, Surfers Paradise 網 https://www.hurricanesgrillandbar.com.au/surfers-paradise/
Mike's Kitchen
地 2 Gooding Dr, Merrimac
網 https://www.mikeskitchen.com.au

Yatala Pie Shop

　　歷史悠久的名店，在昆士蘭州歡慶
150 周年時，也被列入最具有象徵性
的地標。位在高速公路旁的小店，堅
持以傳統方式烘培，維持著老味道，
無論牛肉派、咖哩羊肉派、蘑菇雞肉
莫內醬，都很美味，肉派還可以額外
添加馬鈴薯泥。甜點的話，則有蘋果
派、焦糖塔，也非常好吃；而且還有
「得來速」！來到這裡除了吃派，附
近也有汽車露天電影院
（Five Star Cinemas -
Yatala Drive-In），
趕快安排一個復古
半日遊吧！

地 48 Old Pacific Hwy, Yatala
網 http://www.yatalapies.com.au
汽車露天電影院
網 https://www.fivestarcinemas.com.au/drive-in

Charis Seafood 和 Miami Fish Market

　　家族經營的海鮮店，算是黃金海岸
地標之一。最特別是每天下午 1 點 30
分的餵鵜鶘活動，會吸引近百隻鵜鶘
過來覓食。海鮮種類很豐富，買些外
帶坐在沙灘上享用，就是澳洲好日子。
而且這邊沙灘較淺，很適合小朋友來
玩。另一間高檔一點的海鮮店 Miami
Fish Market，選擇豐富，而且現
切生魚片很新鮮好吃。

Charis Seafood
地 371 Marine Parade Labrador
網 https://www.facebook.com/
charisseafoods/
Miami Fish Market
地 1/54 Paradise Ave, Miami
網 https://miamifishmarket.com.au

The Paddock Bakery

　白色籬笆內經典的昆士蘭建築（Queenslander）是 70 年代從 Redcliffe 搬移到黃金海岸來的。澳洲的房子很特別，家可以直接搬，好玩吧！這家是黃金海岸最紅的早午餐店，連特斯拉執行長馬斯克、休傑克曼與台灣名媛們等，名人都紛紛認證過。2023 年轉手給 Hamilton Group 集團，在維州也有分店，有著庭園般的空間，能感受大自然莊園牧場的氛圍，每天有新鮮烘培的糕點及創意的早午餐。

地 20 Hibiscus Haven, Miami
網 www.paddockbakery.com/

在地早午餐名店

原本的創辦人兩位老闆（Ursula and Ben Watts）後來又開了另一家早午餐店 Bam Bam Bakehouse，以及另外兩間烘焙坊 Custard Canteen 與 Cubby Bakehouse。同時他們的妹妹（Chloe Watts）也創辦了現已有兩間分店的法式糕點 Tarte Bakery & Café，咖啡館的氣氛摩登，味道很細膩，也可試試。這些都是黃金海岸當地很受歡迎的早午餐烘培坊，值得品嚐。

am Bam Bakehouse
地 2519 Gold Coast Hwy, Mermaid Beach
網 https://www.bambambakehouse.com/
Tarte Bakery & Café 網 https://tarte.com.au

Dust Temple

綜合藝術殿堂，也是個人很喜歡的咖啡館，有如倉庫工作室寬敞的空間，包含了咖啡館、畫廊、酒吧和現場音樂，是很酷很前衛的地方。不定期有藝術展覽、人體素描等活動，氣氛輕鬆，來這朝聖充電找靈感超棒！

黃金海岸還有其他不錯的咖啡店，像是 Paradox Coffee Roasters、EPSL Coffee Brewers、ELK Espresso、Next Door Burleigh 等。

地 54 Currumbin Creek Rd, Currumbin Waters
地 https://www.dusttemple.com.au

陽光海岸，當地人之愛
Sunshine Coast

陽光海岸是鄰近布里斯本北部的寧靜桃源，是當地人最喜歡前往的海岸城市。聳立的玻璃屋山脈（Glass House Mountains）橫跨都市主要區域，不管往山上還是海邊，各有風光。

著名景點有鱷魚先生動物園（Australia Zoo）、Ginger Factory、草莓觀光農場、大鳳梨、Eumundi 市集、昆士蘭豆堅果工廠，以及能親手擠牛奶的 Maleny Diaries 牛奶廠。還有遊樂園 Aussie World 和香蕉佬特色酒吧（Banana Benders）、泰國料理餐廳暨烹飪學校 Spirit House。

一路往蒙特維爾（Montville）山上走，更有歐風十足的風車小鎮、

©Tourism and Events Queensland

很幽靜的 Maleny 植物園，還可爬上 Ngungun 遠眺玻璃親子山脈，觀賞夕陽西下黃昏真美。行駛在寧靜的公路上，夜晚的星空總是特別閃耀。目前這裡正在建設連接陽光海岸與布里斯本的新鐵路線，未來往返兩地會更加方便。

雖然陽光海岸以幽靜而受歡迎，但動態活動也很吸引人。陽光充足且環境自然清新，幾個重點地區不可錯過，包括 Caloundra、Marroochydore、Coolum、Mooloolaba 等。也可健行走上 Coooloola Great Walk 步道，欣賞美麗的湖畔倒影，或是在森林步內散步賞鳥。不管衝浪、爬山、划獨木舟或是搭船出海、深海釣魚或騎馬行程等許多選擇。

很多人不知道，自 2014 年起，陽光海岸區跟努沙（Noosa）分手了！兩處分為兩個地方行政區，分別管理陽光海岸的南部和北部地區。努沙主海灘 2024 年獲知名雜誌《Conde Nast Traveller》評為「全世界最佳海灘」第十名。努沙國家公園更是知名景點，綠樹成蔭，很有隱密性；幸運的話，往內走滿一個小時還有機會看到天體營聚集地喔！另外，全世界最大的沙島 K'gari，因為地勢特別，若時間允許也相當推薦前往；往北的彩虹海灘（Rainbow Beach）也是當地人很愛的沙灘區。

陽光海岸官方旅遊網：https://www.visitsunshinecoast.com
努沙官方旅遊網：https://www.visitnoosa.com.au

澳洲動物園
Australia Zoo

　　澳洲最出名動物園之一，為澳洲鱷魚先生 Steve Irwin 的父母於 1970 年創辦；現由 Steve 遺孀與女兒經營，對於宣導動物保護相當出力。著名活動，包括跟鱷魚互動演出等，其他澳洲國寶級動物如無尾熊、袋鼠等這裡當然不能少。國際全球知名精品的皮件，有幾個鱷魚皮的供應商，可都是源自澳洲與昆士蘭的兩三家工廠呢！

地 1638 Steve Irwin Way, Beerwah
網 https://australiazoo.com.au

©Tourism and Events Queensland

陽光海岸水族館
SEA LIFE Sunshine Coast Aquarium

　　不用下水就可體驗到海底，並認識海洋生物與動物。這裡用玻璃隔起的海底觀賞區，有步道可自由走動，能看到鯊魚、魟魚與小丑魚等海洋生物，從頭底上游過，還有海星呢！成龍的電影《警察故事 4：簡單任務》就曾在此取景。這裡也可跟鯊魚一起潛水，坊間有相關行程可報名；

　　在大堡礁也可與礁鯊同游（南澳的林肯港則是可與大白鯊同游，是將人關在籠子裡放在鯊魚旁做互動）。

地 Parkyn Parade, Mooloolaba
網 http://www.underwaterworld.com.au/
卡里普索大白鯊魚籠潛水（Calypso Shark Cage Diving）
網 https://sharkcagediving.com.au

海灘騎馬
Equathon Horse Riding Adventures

在努沙北岸的海灘，有提供屢獲獎項的騎馬之旅。可藉由馬匹探索美麗叢林，或是在海灘上飛奔，也可在 Teewah 海灘安排私人海灘騎行活動或過夜行程。在海灘上騎馬，真的很特別且過癮，相當逍遙自在！

地 Beach Road, Noosa North Shore
網 https://equathon.com

卡麗島
K'gari

過去稱為費沙島（Fraser Island），近年恢復為原住民的傳統名稱，位於陽光海岸北部，是世界上最大的沙島，並列入世界遺產。島嶼為八十萬年前，由大河帶來的泥沙沉澱、累積而成。

島上有著名的亞熱帶雨林與湖泊（Lake Makenzie），在樹林環繞的清澈湖水底下，閃耀著潔白沙子的反光，圈起一片神祕奇景。來到岸邊會忍不住想跳入湖內游水暢泳一圈，親自體驗水流與白沙真切的觸感。湖泊

©Tourism and Events Queensland

（Eli Creek）溪流則想讓人想光腳溯溪；多彩的尖峰沙峭壁（Pinnacles）與古船遺跡（Maheno Shipwreck）都令人感動。可以透過車子登島，宛如親臨世外桃源。

島上還有許多適合年輕人充滿活力的住宿與行程，可釣魚或摸黃金蛤仔（pipi）。島翠鳥灣度假村（Kingfisher Bay Resort）以環保方式而建，被綠林翠湖環繞並可遠遠瞭望動人海峽，受到許多名人訪客喜愛。

地 Shop 7/54, River Heads Shopping Village, River Heads Road, River Heads（可前往的河口碼頭）
網 https://parks.des.qld.gov.au/parks/kgari-fraser
Kingfisher Bay Resort 網 https://www.kingfisherbay.com

©Tourism and Events Queensland

©Tourism and Events Queensland

Spicer Peak Lodge

　　位於美景環區（Scenic Rim）一帶，宛如世外桃源般的奢華莊園，飯店設計低調舒適，自開幕以來獲獎無數，包括「昆士蘭旅遊獎最佳豪華住宿」等。留宿時，印象中最深刻的除了黃昏的美景之外，還有那相機拍不出來，頭上彷彿罩上了閃亮水晶布幔的美麗星海，讓人難忘！

©Tourism and Events Queensland

🏠 Wilkinsons Rd, Maryvale
🌐 https://spicersretreats.com/retreats/spicers-peak-lodge
美景環區
🌐 https://www.visitscenicrim.com.au

©Tourism and Events Queensland

©Tourism and Events Queensland

RB 亞洲風味餐廳
RB Dining

　　説到陽光海岸一流餐廳，Tony Kelly 集團無疑有點石成金的才能，旗下包括了 Riceboi、Riceboi Upstairs、Giddy Geisha、Piggyback、Spero 等名場地都很受歡迎。現代亞洲餐廳 RB Dining，位於 The Wharf 樓上，精緻的用餐體驗，融合了亞洲風味的均衡美味。姐妹餐廳 Rice Boi 在樓下，屬於年輕搖滾、霓虹燈氣氛如地下城市酒吧般熱鬧。

地 123 Parkyn Parade, Mooloolaba
網 https://rbdining.com.au
Rice Boi 網 https://riceboi.com.au

凱尼爾沃斯麵包店
Kenilworth Bakery

　　歷史地標，陽光海岸的鄉村麵包店，成立於 1924 年，距今已有近百年年歷史！最有名就是甜甜圈咖啡，另外還有世界著名「1 公斤重巨無霸甜甜圈挑戰」（#1kgdonutchallenge），也有販售肉派、狗狗零食等，更是知名網紅咖啡甜甜圈店。在 Kenilworth、Mooloolaba 和 Bribie Island ／ Bongaree 共三間店。

地 8 Elizabeth Street, Kenilworth（本店）
網 https://kenilworthbakery.com/

美食集錦

從精緻餐廳到舒適的鄰里餐館,陽光海岸最佳餐廳有很多選擇。由北到南,無論高級餐廳或時髦場所與啤酒屋等,各式各樣的料理讓行程更豐富。

The Long Apron

位於知名連鎖精品飯店 Spicer 系列的 Clovelly Estate 中。很少有飯店餐廳值得大肆吹捧,但只要是 Spicers 系列,不管飯店或餐廳皆頗有口碑。餐廳在蒙特維爾 山上飯店後院內,簡單的戶外桌座落在鬱鬱蔥蔥的山頂庭園之中,有遼闊山景與和煦陽光,很是愜意。料理精緻,也用了大量蔬菜與當地食材。屢獲大獎,也時常不定時舉辦品酒會與餐會等,很值得過去一趟。

🏠 38-68 Balmoral Rd, Montville
🌐 https://thelongapron.com.au

Augello's Ristorante & Pizzeria

曾獲選「全球」暨「全澳洲」最棒的比薩,也多次獲選澳洲最棒必薩,並兩度獲評為最佳義大利餐廳!位於 Mooloolaba 區,餐廳每年都有創意新口味比薩,更時常獲得比賽大獎。

©Tourism and Events Queensland

例如:以鮪魚混合海苔芝麻、酪梨、奶酪、芒果、草莓、辣椒、紅洋蔥和香菜莎莎醬等各式基底等創意口味;比薩餡料都很豐富,還可外帶。店裡還有其他義式菜色,晚餐時段若沒事先訂位會沒位子喔!

🏠 The Esplanade, Mooloolaba
🌐 http://augellos.com.au/

Sum Yung Guys

是四位當地小伙子合夥的傑作,包括實境節目澳洲版《廚神當道》(Masterchef)前選手 Matt Sinclair。餐廳自 2017 年開業以來,

令人印象深刻屢獲好評。提供共享式泛亞洲菜餚，菜單上的最佳熱門單品，包括大蝦吐司、仁當咖哩牛肉和酸辣牛肉等，無疑問是陽光海岸最好的餐廳之一。

地 205 Weyba Rd, Noosaville QLD 4566
網 https://www.sumyungguys.com.au

Miss Moneypenny's

位於努沙熱鬧的街上（Hastings Street），混合地中海和中東風格的現代澳洲美食，有著令人驚嘆的美味，在黃金海岸也有分店。附近的義大利菜 Locale，以及擁有海邊景觀的餐廳 Sails，也是當地人很喜歡的聚點。

地 6 Hastings St, Noosa Heads QLD 4567
網 https://www.missmoneypennys.com
Locale 網 https://www.localenoosa.com.au
Sails 網 https://www.sailsnoosa.com.au

Padre Coffee

墨爾本和努薩的澳洲咖啡名店之一，「在天堂裡烘焙」是它的口號。透過巨大的窗戶可看到烘焙室，就像為客人提供一個免費的早晨劇場，並享受每一杯好咖啡。擁有自家烘焙混合咖啡和單一產地咖啡、販售咖啡用品，同時附設教學空間。附近擺放一架小飛機的咖啡早午餐店 Clandestino Coffee，也很有特色。還有在 Noosaville 得獎的可愛咖啡小店 First Batch Coffee Roaster；喝完咖啡，更可以到 Massimo's Gelateria 來球綿密冰淇淋。

地 10 Eenie Creek Rd, Noosaville
網 https://www.padrecoffee.com.au/pages/noosa-hq-queensland
Clandestino Coffee 網 https://www.clandestino.com.au
First Batch Coffee Roasters 網 https://www.firstbatchcoffee.com.au
Massimo's Gelateria 網 https://www.instagram.com/massimosgelateria

凱恩斯、北昆士蘭，大自然的寶藏
Cairns & Northern Queensland

凱恩斯位於北昆士蘭，是全球唯一一個同時擁有兩大世界遺產「大堡礁」和「熱帶雨林」的幸運之地。凱恩斯的土地達 4,135 平方公里，有條窄溪流，半個城市幾乎被珊瑚海包圍。來到這裡，值得上山又下海的好好玩轉一番！

大堡礁為世界七大奇景之一，是全世界最大面積的世界天然遺產。綿延澳洲東北岸長達 2,300 公里，是全球最大的珊瑚礁和島群，更是唯一從外太空上可見到的活體群，包含有 3,000 座大大小小的珊瑚礁與 940 多座島嶼。大堡礁約有 十個台灣大，來到這一定要搭船前去外礁島平台玩上一天，甚至想在外島平台倘佯於大堡礁群上住個一宿也是可以的。

旅遊業對確保大堡礁的繁榮與發展，扮演著相當重要的角色。事實上，參觀是幫助保護工作最佳方式之一。遊客每次與旅行社一起前往大堡礁時，門票中會包含環境管理費，該費用有助於海洋公園的日常管理，並資助正在進行的重要研究，以幫助大堡礁成為世界上管理最好的珊瑚礁系統。

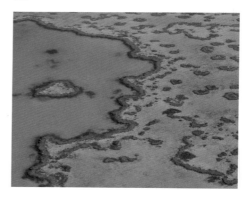

大堡礁四季氣候與水溫			
季節	月份	平均氣溫	平均水溫
春	9 月～ 11 月	25℃	25℃
夏	12 月～ 2 月	28.3 ℃	29℃
秋	3 月～ 5 月	26-27℃	25℃
冬	6 月～ 8 月	23-24℃	22℃
＊大堡礁四季來訪都可，但以 5 至 10 月南半球秋冬與初春時候尤佳，氣溫不會過熱。			

這一帶還有全世界最長的空中纜車，可深入庫蘭達部落，見識活力十足的澳洲原住民文化，感受戴恩樹雨林大自然的減壓療癒與森林芬多精。峽谷中也有天然的瀑布可以戲水，比方說 Josephine Falls 瀑布就是天然的遊樂園；南邊則有暱稱為天空之城的遺產保護區 Paronella Park，以及 Mena Creek 瀑布與 Millaa Millaa Fall 瀑布。筆直壯麗的水流，難怪除了洗髮精廣告來取景，也很多人來這邊拍婚紗。凱恩斯也還有更多冒險活動等著你，包括高空跳傘、彈跳，更可以泛舟。

時間足夠，北昆士蘭其他大推景點，如聖靈群島區域（Whitsundays）也很值得前往。全球最佳熱帶島嶼度假勝地，以心形珊瑚礁（Heart Reef）和白天堂海灘（Whitehaven Beach）為經典特色。建議搭直升機，

從空中眺望這片白天堂海灘,感覺是老天爺不小心灑落了滿地珍珠粉,海灘就像雪一般的潔淨潔白,相當不可思議。感受名符其實的心,果真遺落在昆士蘭了!也可前往哈密頓島(Hamilton Island),島上有奢華的 qualia 度假村,或者也可以到周邊的島嶼感受島主風光。內陸昆士蘭的 Cunnamulla 溫泉獲得《國家地理雜誌》評為最期待前往的養身景點;另有澳洲恐龍時代(Australian Age of Dinosaurs),可前往欣賞大恐龍標本與史前時代蹤跡。

昆士蘭大堡礁
網 https://www.queensland.com/au/en/places-to-see/experiences/great-barrier-reef
Tourism Tropical North Queensland
網 https://tropicalnorthqueensland.org.au
Tourism Port Douglas Daintree
網 http://www.visitportdouglasdaintree.com.au
Tourism Whitsundays
網 https://www.tourismwhitsundays.com.au

大冒險號，諾曼外堡礁平台
Great Adventures

群島之中，依靠著礁島架設了幾個海上平台。搭乘不同郵輪可前往平台進行不同的海上活動，有的甚至可在大堡礁海洋上過夜。從凱恩斯出發，可搭大冒險號前往諾曼外堡礁。除大冒險號也有其他選擇，如淺水艇 QuickSilver 和 ReefMagic，或是玻璃底船 Sunlover 等，可依據需求做比較。

網 https://greatadventures.com.au
QuickSilver 網 https://quicksilver-cruises.com
ReefMagic 網 https://www.reefmagic.com.au
Sunlover 網 https://sunlover.com.au

© Tourism Australia

凱恩斯熱帶雨林纜車
Skyrail Rainforest Cableway

落成當時是世界上最長的纜車索道，至今也仍是世界上最環保的高空纜車。位於熱帶雨林之中，從庫蘭達開始，延伸 7.5 公里一路觀賞凱恩斯、棕櫚灣、道格拉斯港和阿瑟頓高原等。從高空，可親眼看見凱恩斯的兩大世界遺產大堡礁與熱帶雨林的結合，並觀賞沿路綠蔭溪流與瀑布等；凱恩斯不愧是地球上現存最古老的熱帶雨林的所在地。

地 6 Skyrail Drive, Smithfield
網 https://www.skyrail.com.au/

熱氣球體驗
Hot Air Balloons

一大清早摸黑、起身前往，在黑夜中看熱火打入熱氣球。當球體慢慢擴張升起時，每個人都相當期待。彩繪著可愛無尾熊與嬌媚袋鼠的熱氣球，一顆一顆載著興奮的參加者緩緩升上空中，大夥全都屏息期待起飛成功！看著天空美麗的日出，不管是搭乘的

©Tourism and Events Queensland

人，還是在底下看熱氣球升起的人，都同樣雀躍。幸運的話，腳底下還會有袋鼠一躍而過。

經歷過一段「通往幸福的奇妙之旅」之後，下降後還可體驗收繩索工作，最後用備妥的香檳早餐來慶祝這難忘航程。凌晨出發時請記得要套件薄薄長外套，避免溫差，搭乘熱氣球的價格雖不便宜，但超級值得。想隨風飛翔？熱氣球的行程在東岸主要城市都有喔！

網 http://www.hotair.com.au

凱恩斯水族館
Cairns Aquarium

凱恩斯水族館是澳洲最新最壯觀的水族館！可深入了解世界上第一個可公開、開放的活珊瑚生物設施，一窺永遠的珊瑚礁計畫。一路上，遊客可以了解大堡礁的珊瑚保護工作，並親眼目睹世界上最大的硬珊瑚群。還可以另外參觀海龜醫院，以及很特別的水下景觀餐廳（Dundee's Restaurant）。

地 5 Florence St, Cairns City
網 https://www.cairnsaquarium.com.au

© Tourism Australia   © Tourism Australia

美食集錦

凱恩斯有最新鮮美味的海鮮，從肥美蝦子、龍蝦和新鮮牡蠣，或是泥蟹都有。也有許多知名餐廳，如 nunu、Nautilus Restaurant、Tamarind、Harrisons Restaurant、Melaleuca Port Douglas 等。而且當地每年還會舉辦美食慶典（Taste Port Douglas），顯示出熱帶美食的特色。當然也有好咖啡！凱恩斯可是澳洲少數有種植咖啡的地方。另外也可到喧囂熱鬧的 The Backyard、工業風的 Gilligan's 或是高空酒吧 Rocco 小酌。

nunu Restaurant

獲獎無數，位於棕櫚灣（Palm Cove）的 nunu，自開幕以來一直是北昆士蘭名最負盛名的美味餐廳。經營 20 多年的 nunu 餐廳屹立不搖，是 2003 年墨爾本的朋友也是行政主廚 Nick Holloway、前台經理 Jason Rowbottom、Amy 和 Mo 踏上了遠征北昆士蘭的冒險之旅後，決定落腳開設這家海濱餐廳。精心製作的菜餚與溫暖的熱帶環境相得益彰，珊瑚

海的壯麗景色為用餐體驗增添不少色彩。另外可試試妹妹店 Numi Ice Creamery，品嚐有特色的手工冰淇淋。

地 123 Williams Esplanade, Palm Cove
網 www.nunu.com.au

C'est Bon Cairns

來到凱恩斯雖然不會想到要吃法國料理，但位於河邊附近，外頭有個迷你巴黎鐵塔的餐廳 C'est Bon，感覺就讓人很想走進去。果真是唯一一間正宗法式料理餐廳，餐點味道挺不錯，道地的蝸牛、羊排與考布丁都很可口。度假時，品嚐一下各種不同的異國料理也挺不錯。

地 20 Lake St, Cairns City
網 https://www.cestboncairns.com.au

Zinc Restaurant

鄰近四哩海灘，位於道格拉斯港的摩登鋅餐廳（Zinc），自 2005 年開幕至今，在充滿時尚又帶點新古典風格的開放式空間中，端出現代澳洲料理。餐廳特色還有那躲在廁所入口處，大型且高挑的水族魚缸，是個可讓人輕鬆、歡笑度過美食時光的好所在。

道格拉斯港還有知名的餐廳 Harrisons Restaurant，以及位於塔拉海灘自然保護區，可觀賞野生動物表演並享用特色澳洲料理的餐廳 Osprey's。

地 Shop 3, Portico Building/53-61 Macrossan St, Port Douglas
網 https://www.zincportdouglas.com
Harrisons Restaurant
網 https://www.harrisonsrestaurant.com.au/
Osprey's
網 https://www.thalabeach.com.au/

Prawn Star Cairns

著名的拖網漁船海鮮餐廳，新鮮捕撈的魚獲直接在船上享用。餐廳位於風景如畫的馬林碼頭（Marlin），可外帶也可上船享用，在陽光海岸及布里斯本也有分店，是好玩又創意的吃海鮮方式。

網 https://www.prawnstarcairns.com

Meldrum's Pies

　　來澳洲肯定要吃肉派，而遇到了得獎無數的派店就必需一訪。自 1972 年經營到現在，從市區遷移到更大的現址，餐廳始終收到滿滿的好評及獎項、獎狀等。派是直接在店後方烘烤現做，口味非常多，經典牛肉或創意咖哩雞肉派，甚至蔬菜派都有，派皮酥脆內餡濃郁，的確很好吃，難怪自稱為天堂上的派！

　　喜歡精緻烘焙糕點的朋友，凱恩斯 也 有 Woodward St Bakery 與 Le Crouton 可選擇。

地 27 Reservoir Road, Manoora
網 https://www.meldrumscairns.com.au

Annee's Caphê Sua Da

　　在天氣較酷熱的凱恩斯，就是要喝冰咖啡。成立於 2014 年，是澳洲第一家獨立的越南冰咖啡吧。創辦人 Annee Nguyen 抵達澳洲看到盛行的咖啡文化，開設了這間以越南咖啡為靈感的 Annee's Caphê Sua Da。首間咖啡館位於 Rusty's Market 市場內，拓展至今，在北昆士蘭共有四間分店。招牌為牛奶冰咖啡，除了加煉乳的口味，也可以換成清爽的椰奶版

本，難怪是很多人心目中
凱恩斯最棒的咖啡！喝完
咖啡，還可以順道逛逛當
地農產物品市場，順手買
些昆士蘭特有的香蕉芒果
回去也不錯！

　　凱恩斯其他知名的咖啡
店也有 Caffiend、Blackbird
Espresso、Succuliving &
Co. 與 The Chambers café
等。

地 57-89 Grafton St, Cairns City
網 https://www.anneescapesuada.com/

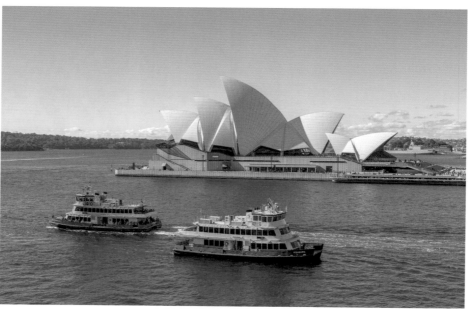

Part 6　澳洲主要城市

最繁華都市非雪梨莫屬，有知名地標雪梨歌劇院、港灣大橋，還包辦了世界矚目的跨年煙火。往南的墨爾本最具文藝氣息，近郊有許多酒莊，也不能錯過大洋路的風光。拜倫灣則是特例，昂貴的海灘小鎮吸引人們前往體驗雅痞氣息。該去哪座城市呢？大人不做選擇，各有特色，都值得撥時間前往。

大都會雪梨

雪梨是澳洲國際最有名的城市，是赤道以南最令人興奮和熱鬧的城市之一，也常翻譯為「悉尼」抑或稱為「海港城市」或「翡翠城」（Emerald City）。大約四十年前，澳洲劇作家大衛威廉森（David Williamson）在同名戲劇中將這座野獸之城稱為「翡翠城」；諷刺雪梨和墨爾本之間長期存在的競爭，並把雪梨描繪成一座閃閃發光的大都市，一座貪婪且不知足的城市。對話解釋是：「綠野仙蹤的翡翠城。人們沿著黃磚路來此找尋問題的答案，卻發現那竟是自己內心的惡魔。」隨雪梨生活成本飆

升，歷史悠久的公共住宅遭房地產開發商兜售，物價高和過度開發猖獗，威廉森對翡翠城的形容，引起共鳴。雪梨居民也被稱為「雪梨人」（Sydneysiders）。

歌劇院、港口和港灣大橋

剛剛歡慶 50 週年的雪梨歌劇院，是世界上最受認可和標誌性建築之一，但大家不知道建造的過程很艱辛，成本從原本估計的 700 萬澳元增加到 1.02 億澳元，徹底超過預算！更花了十四年的時間，以及超過 10 萬名建築工人才完成這項工作。在雪梨歌劇院內看場歌劇，可是很夢幻的美事！聽說，在歌劇院北岸方向，還有隻很出名的海豹叫班尼（Benny），有去的話可以看看是否能見著牠的蹤跡。另外，港邊渡輪站還有間店叫 Artsicle，可以買到歌劇院造型的冰棒，一起拍照超萌的！

雪梨港灣大橋（Sydney Habour Bridge）也是主要地標，是世界上最長的鋼拱橋之一。橋長 1149 公尺，興建於 1932 年，這座橋現有八車道、鐵軌、人行道和自行車道。1998 年開始也能夠買票讓人攀登上橋頂，目前已有超過 400 萬人登上頂端。每年年底，全世界最知名跨年煙火便在雪梨港，而歌劇院與港灣大橋成就這百萬景觀。雪梨港是世界上最大的天然港口，長度將近 20 公里，可搭乘渡輪欣賞這河岸城市壯麗景色。時常獲得旅遊獎項的 Fantasea 郵輪，有好幾個觀光渡輪行程；每年港邊露天歌劇也很震撼值得觀賞。

商業鬧區

市中心景點有岩石區（The Rocks）、皇家植物園、總督府、維多利亞女王大廈（Queen Victoria Building）、澳洲國家海事博物館、新南威爾斯美術館等知名地標都免費參觀。有 309 公尺高的雪梨塔（Sydney Tower Eye）可欣賞 360 度的景觀。

巴蘭加魯（Barangaroo）是較新的商區，順著溫亞德步道（Wynyard

Walk）180 公尺的長隧道從市中心通往過去，可到溫亞德車站（Wynyard），車站內有克里斯福克斯（Chris Fox）設計的 Interloop 巨大雕塑；他將四個老化木製自動扶梯重新利用，呈現扭轉造型的獨特設計獲得了大獎，也是許多人朝聖地點。達令港（Darling Habour）邊上，隈研吾團隊 2019 年首次跨澳打造 The Exchange，木質緞帶的鳥巢圓形螺旋外觀，也是個特色地標，附近更是美食商店雲集。

郊外景點

　　雪梨在 2024 年也獲評為全世界第 11 名最適合步行的城市,喜歡戶外的朋友,可前往知名的步道與公園景點,包括二百年紀念公園(Bicentennial Park),以及建於 1810 年的海德公園(Hyde Park)更是澳洲最古老著名公園之一,可想像一下有多少人曾在這野餐。Taronga Zoo 動物園很受歡迎,更可入住野生動物度假村(Wildlife Retreat at Taronga)感受野生生態氛圍。

　　雪梨奧運公園有神祕的沉船景觀台,還有最受歡迎的葡萄酒產區之一的獵人谷(Hunter Valley),更可同

時前往藍山公園瀏覽壯麗遼闊戶外景觀，利用 19 公里長的高空景觀步道健行。離市中心約 45 分鐘車程也有生蠔農場（Sydney Oyster Tours）可在港灣邊上水中吃生蠔飲香檳，或前往 Tweed Head 的 Catch A Crab 體驗抓螃蟹。

雪梨也有許多活動。時間允許可到不遠的真正首都坎培拉或很有特色的「煤礦小鎮」New Castle 一遊。雪梨代表澳洲繁榮，忙碌的平日市中心讓人不覺得澳洲有多悠哉。來雪梨，看到澳洲最知名建築景觀也會連番讚嘆澳洲的國際化，對比其他歐美主要大城市也毫不遜色。

知名海灘綿延

雪梨有一百多個海灘，邦迪（Bondi Beach）可能是最有名的！離市中心僅約 20 分鐘車程，擠滿游泳者、衝浪者、日光浴者、藝術家、演員、媒體大亨等，熱鬧非凡。建議前往 Icebergs 觀賞美麗海洋泳池，景觀餐廳也是美味好選擇，或到海濱酒吧放鬆一下。

有名的邦迪至庫吉（Coogee）海岸步道，是欣賞美景絕佳方式。風景如畫的 6 公里步道開鑿在砂岩懸崖上，海景一覽無遺；途經塔瑪拉瑪海灘（Tamarama Beach）和勃朗特海灘（Bronte Beach），最後到達美麗的庫吉。另一個著名的曼利海灘，是第一屆世界衝浪比賽舉辦地點，北部莫納谷海灘（Mona Vale Beach）在 2024 年獲《康泰納仕雜誌》（Conde Nast Traveller）評為全世界最佳海灘排名第六；Fairy Bower Sea Pool 的海邊泳池也很有特色。

影視場景

很多人或許沒發現，許多知名電影和電視節目都在雪梨拍攝。例如《特技玩家》（The Fall Guy）、《不可能的任務 2》（Mission: Impossible 2）、《大亨小傳》（The Great Gatsby）、《駭客任務》（The Matrix）和澳洲肥皂劇《聚散離合》（Home & Away），也有在邦迪海灘拍攝的《拯溺雄心》（或稱邦迪救援，Bondi Rescue）的真人秀，看救生員如何留意邦迪海灘上遊客的安全。

美食景點

全世界 50 大餐廳（World Best 50）針對全世界值得探索的餐廳與飯店新成立的「50 個最佳發現」（50 Best Discovery），2024 年也特地針對雪梨選出了「定義雪梨的餐廳」。這幾間出色餐廳包括了：Ester、Baba's Place、澳洲名廚 Neil Perry 的 Margaret，也是 2024 雪梨 Good Food Guide 年度最佳餐廳、Ormeggio at The Spit、Porkfat、Saint Peter、Sixpenny（個人很喜歡的三頂帽餐廳），以及景觀超棒的 Oncore by Clare Smyth（是 2024 年雪梨三帽餐廳），更是唯一一位米其林三星級英國女廚師 Clare Smyth 開設的第一家國際餐廳。或是特色餐廳如 10 William St、Fratelli Paradiso、LuMi Dining、Mr. Wong、Poly、Sean's 與一位難求的 Yoshii's Omakase 等。

澳洲最有名餐廳應是 Circular Quay 環形碼頭上的 Quay Restaurant，正好面對了雪梨歌劇院內姊妹店 Bennelong；這兩間行政主廚為名廚 Peter Gilmore。Quay 連續 22 年榮獲《美食指南》三頂帽子獎，也曾登上世界五十大餐廳的百大名單。兩間餐廳口味不太一樣，Quay 更加正式一些；但皆以澳洲摩登料理為主。Rockpool Bar & Grill 為 Neil Perry 主導老錢風牛排館。個人也覺得 Neil 應是最擅長亞洲風味的澳洲名廚，旗下的 Spice Temple 川菜料理很好吃，近來又新開了 Songbird Double Bay 中餐。

其他口碑極佳的美味餐廳，還有市中心的 Bar Totti，每次都忍不住多點份火烤麵包。總是高朋滿座的 Porteño 拉丁美式烤肉，Firedoor 的直火料理、中東餐廳 Aalia、Continental Deli Bar Bistro、Restaurant Hubert、Alberto's Lounge、Longshore 的海鮮、Beppi's、永續季節性柴火料理 Pipit Restaurant、Ursula's Paddington 的裝潢時尚且餐點很有特色。海邊景觀餐廳 Iceberg 與 Mimi's 也相當受歡迎。Mimi's 魚子醬派超奢華也有龍蝦義大利麵；韓國風味的 Matkim 套餐很精緻。

這些僅是一些好餐廳代表，也有許多經營許多名餐廳，包括亞洲風味、歷史地位悠久的金唐海鮮酒家，它結束拆組後另開的 XOPP by Golden Century，還有馬來西亞小吃 Mamak，Malay Chinese 的蝦麵都大排長龍，選擇超多。還有 1945 年就開賣的 Harry's Cafe de Wheels 經典

©Tourism Australia

肉派很值得品嚐。

當然，你也可到南半球最大的雪梨魚市場，挑選新鮮漁獲當場吃個過癮滿足。全新的雪梨魚市場經過近十年的計劃，耗資近 8 億澳元，並搬遷到附近的布萊克瓦特爾灣（Blackwater Bay）碼頭，更擴大為三層樓建築，包含新鮮漁獲採購、農產品、海鮮餐廳，甚至有澳洲最大的迴轉壽司店等；預計於 2024 年底開幕，將是眾所期待的美食新聚點，是大啖龍蝦、螃蟹、生蠔等海鮮的好地方。名廚 Josh Niland 開設的「鮮魚屠宰廠」（Fish Butchery）則是很講究的鮮魚店，更獲得詹姆斯比爾德獎（James Beard Foundation Awards）大獎。古蹟內的市集 Paddy's Market 耗資百萬元，也將打造成為雪梨最新的美食殿堂。

Sydney's Fish Market 🌐 https://www.sydneyfishmarket.com.au
Fish Butchery 🌐 https://fishbutchery.com.au
Paddy's Market 🌐 https://paddysmarkets.com.au

推薦酒吧

熱鬧夜生活

Maybe Sammy 酒吧獲得 2023 年「全球最佳酒吧」排名第 15 名，已多年蟬聯榜單，也是澳洲排名最高酒吧。分店為 Maybe Frank，也將與大型酒店集團合作，在市中心頂樓開設姐妹酒吧 Kasbah，成為 Maybe 系列三部曲。2021 年「全球 50 家最佳酒吧」第 23 名的 Cantina OK! 也是多次上榜，Re 則曾獲 2022 年全球 50 家最佳酒吧第 87 名與 2021 Ketel One 永續酒吧獎。Best 50 Discovery 也推薦靈感源自《教父》Apollonia 酒吧來杯 Negronic，或前往 Double Deuce Lounge 來杯復古升級版調酒。Ivy 時尚夜店總是人潮滿滿，以及 Archie Rose Bar。獲譽為澳洲最佳威士忌酒吧的 The Baxter Inn，還有以前總理霍克命名的 The Bob Hawke Beer & Leisure Centre，曾獲最佳 Lager 拉格啤酒及 2023 澳洲最佳啤酒吧。

甜點、咖啡館

有著「西瓜蛋糕」的 IG 網紅名店 Blackstar Bakery，雖已轉手經營，但仍可朝聖一下那搶眼又多層次可口糕點；現有多間分店，包括墨爾本。個人很喜歡 Flour & Stone，尤其是很漂亮的經典萊明頓蛋糕。Bourke Street Bakery 也很有氣氛，A.P Bakery 也是人氣烘培坊。

雪梨的 Cow and Moon 曾在義大利擊敗了來自世界各地的冰淇淋工匠，贏得冰淇淋世界巡迴賽的冠軍，被評為全球最佳冰淇淋製造商。Messina 與 Anita 冰淇淋也是人氣據點，布里斯本也有分店。

個人最喜歡的 Campos Coffee 旗艦總店位於 Newtown，布里斯本與墨爾本也有旗艦分店。它們的豆子有批發給獨立咖啡館，不過我偏愛去由總店直接管理的旗艦店；Woolworth 超市也可買到豆子。Campos Coffee 每年都會推出限量競標豆、卓越

杯豆子（Cup of Excellence）等，也
直接與農莊合作多年，更曾推過澳洲
最昂貴咖啡豆之一的巴拿馬 Auromar
Catalina 最佳藝伎咖啡。

　　咖啡館 Single O 雪梨也是知名品
牌，美味的早餐時間每次都大排長
龍；布里斯本與東京都有分店。Toby
Estate 旗艦店位於 Chippendale，布

里斯本也有旗艦分店並銷售海外。
Reuben Hill 也是人氣名店。市中
心 Gumption by Coffee Alchemy、
Leible、Cabrito Coffee Traders，還有
台灣有分店的 Ten Thousand 10000
East Wood 也都不錯。位於富人區
帕茲角（Potts Point）的 PIÑA By
Room Ten 人氣也很旺。The Grounds
of Alexandria 是綜合咖啡館、餐廳與
花園的熱鬧場所，市中心分店 The
Grounds 又是截然不同的復古氛圍。
很有亞洲風味的 Devon Café 也很有
創意。總之名店太多，選擇只能精選
再精選。

文藝墨爾本

約十九世紀中期，有人在維州發現金礦，進而引發淘金熱。殖民地主要港口墨爾本經歷快速發展，歐洲和中國移民紛紛湧入，一度導致暴動發生，還有貧民窟出現。直到 1850 年代開始，墨爾本才建設，並出現許多知名地標，如市政廳、州立圖書館、國會大廈、聖帕特里克大教堂（St Patrick's）等。

維州雖是澳洲最小的州，但卻是人口最多之州。墨爾本也是澳洲第二大城市；1856 年墨爾本人成功爭取到世界上第一個 8 小時工作日，居民被稱為「墨爾本人」（Melbournians）。

自 2011 年以來，墨爾本幾乎每年都獲評為「世界最宜居城市」與「澳洲最宜居城市」，並在文化和環境和穩定性方面得分很高，是南半球美食、體育和文化中心，也是亞太地區領先的金融中心。藝術氣息濃厚的墨爾本，應是最像歐洲的澳洲城市。有著世界上最大的營運輕軌系統，其 250 公里的雙軌電車也是使用率最多的有軌電車網絡之一。至於墨爾本比較新的五星級飯店，則有墨爾本麗思卡爾頓酒店和 W 飯店。

動靜皆宜的城市

墨爾本是南半球文化樞紐，城市街道隨處可見充滿活力的街頭藝術壁畫塗鴉，又以 Hoiser Lane、AC ／ DC Lane、Caledonian Lane、Union Lane、Centre Place、Hardware Lane 等的塗鴉創意最出名。巷道裡遍佈著隱密的酒吧、餐廳、商店，是墨爾本獨有的特色景像。市中心也有許多地標景點，如聯邦廣場（Federation Square）、NGV 州立美術館，還

有 Flinder Street 火車站、The Block Arcade 廣場等。還可以在附近的 Flinders Waffles，買到和火車站造型相同的可愛鬆餅。中國城唐人街則是西方世界中，持續時間最長的華人定居點。維多利亞州立圖書館（State Library Victoria）成立於 1854 年，當時名為墨爾本公共圖書館，是澳洲最

古老的公共圖書館，也是世界上最早的免費公共圖書館之一。氣派的古典建築本身就是景點，更別說館藏許多重要書籍檔案文獻等。

自 1878 年開始營業，維多利亞女王市場（Queens Victoria Market）是標誌性，也是南半球最大露天市場；新開幕的 Food Hall 新穎明亮，匯集多家特色餐廳與酒吧。南亞拉（South Yarra）的普拉蘭市場（Prahran Market）是熱門的美食目的地，擁有農產品攤販、肉店、熟食店和餐廳等。南墨爾本市場（South Melbourne Market）則是熱鬧室內市場，出售農產品、肉類和海鮮等攤位及美食咖啡館；週三晚上會變成 Hawker 88 夜市。

維多利亞皇家植物園（Royal Botanic Gardens Victoria）每年吸引近兩百萬名遊客，是令人放鬆好去處；有美麗湖泊，園中也有咖啡廳。墨爾本有觀光馬車可以優雅、復古的隨馬車觀賞城市風光。市中心 Eureka 大樓有透明景觀台，丹德農山上的 SkyHigh 天空之巔觀景台風景也很遼闊，還有得獎的景觀餐廳。喜歡運動

的人，可以參觀澳網舉行場地，或者也可以隨 F1 車手法拉利少主 Charles Leclerc 路線，前往 Urbnsurf 體驗衝浪樂趣。

大墨爾本地區占據了菲利普港灣（Port Phillip Bay）北部和東部海岸線的大部分地區，並延伸到莫寧頓半島（Mornington Peninsul）、West Gippsland 西吉普斯蘭的一部分，以及亞拉河谷（Yarra Valley）、丹德農山脈（Dandenong Ranges）和馬其頓山脈（Macedon Ranges）的腹地。乘坐百年歷史的普芬比利（Puffing Billy）蒸汽火車，穿越 24 公里綠意景觀與蜿蜒山林；也是鐵道迷打卡景點。在限定期間內，還有夜光版特別班次的火車。另外也可在 Miss Maple's Tearoom 喝杯茶，還可去金礦鎮瞧瞧黃金時代。牡丹花季、杜鵑花盛開或楓葉季時前來，都有不同美色。

墨爾本以「一日四個季節」天氣變幻莫測為名，天氣可能會在瞬間從春光明媚轉為陰雨綿綿。需要多穿幾層衣服，並攜帶雨傘和外套。

墨爾本往西南邊沿著大洋路（Great Ocean Road）這條 243 公里長的公路是世界上最美的自駕路線之一。順延墨爾本市郊外，沿途可欣賞懸崖、海灘和最著名的十二門徒岩石壯麗景色。這些岩石稱為「十二門徒」，因高傲然矗立在海岸邊；陽光折射下，創造出奇幻光影相當迷人。但岩石因受海浪鹽水侵蝕，時間長久且倒塌，目前僅剩七個，網友戲稱乾脆改名為七仙女。大自然賦予驚嘆景觀，也警告我們要珍惜把握這些景觀，要參觀更需趁早。

知名的海灘上彩色小屋（Brighton Beach）也很亮眼。墨爾本也是野生企鵝的家！聖基爾達島（St Kilda）和菲利普島（Phillip Island）兩個海灘，可同時觀賞美麗的日落，以及企鵝搖搖晃晃地爬到岩石上過夜。菲利普島上企鵝遊行中心有世界上最小的神仙小企鵝，超呆萌可愛。

往東邊，位於莫寧頓半島（Mornington Peninsula）的藝術酒莊 Pt Leo Estate 或 Montalto 酒莊也值得前往，同一區的精品飯店 Jackalope Hotel 也因設計時尚屢屢獲獎。附近也有 Ashcombe 迷宮與薰衣草花園，也可搭飛鷹纜車（Arthurs Seat Eagle）觀賞半島秀麗景色。Yering Station 是維州第一個酒莊，附近也有法國精品龍頭 LVMH 旗下的 Domaine Chandon 酒莊，莊園遼闊美麗是用餐品酒的上選。

南半球餐飲重鎮

　　墨爾本是美食、咖啡重鎮，咖啡館和餐廳與人口的比例皆是世界上最高。有許多高檔餐廳。Attica 是澳洲最知名餐廳之一，主廚 Ben Shewry 菜單常常反映出澳洲當地的食材和風味，創新獨特。位於 Heathcote 的 Chauncy 拿下 2024 年度最佳地區餐廳。另一間常蟬聯最佳地區餐廳的 Brae，主廚 Dan Hunter 偏愛有機和當地食材，料理以簡約而豐富的風味而受好評。重新裝潢後的 Vue de monde2023 年再度開張，位於 Rialto 大廈 55 樓頂樓，城市景觀盡收眼底；Chef Shannon Bennett 料理結合現代和法國傳統，以主廚特選套餐為主。不用餐也可來 Bar Lui 喝一杯觀賞墨爾本夜景。Reine & La Rue、Society Dining Room 也是比較正式餐廳，料理精緻細膩，擺盤皆美輪美奐。

連續許多年蟬聯三頂帽的「鮨南嶋」（Minamishima）也很特別，以日本料理鎮壓其他同城餐廳多年。2014 年開幕的壽司餐廳，有木質吧台座位與大廳位置；主廚南島浩一的「食人」理念不斷追求完美，每貫壽司都很用心製作。50 Best Discovery 推薦餐廳還有 Embla 市中心內的餐酒館；非常有澳洲特色的 IDES；已有 40 年以上歷史的 Flower Drum 更曾被美譽為中國以外最棒中餐廳。還有其他餐廳 Amaru、Aru、Di Stasio Città、Etta、France-Soir、Gimlet at Cavendish House、Jeow、Lee Ho Fook、Marion、Sunda 等。

推薦酒吧

越夜越美麗

躲巷子內的 Eau De Vie 神秘酒吧是我個人最喜歡的墨爾本酒吧，獨特華麗調酒技巧，每一杯都是視覺盛宴。其他還有 2023 年「全球最佳 50 間酒吧」第 23 名 Caretaker's Cottage；Par Bar 世界第一的 Neo 新復古酒吧；播放著搖滾音樂的心碎者酒吧（Heartbreaker）；從雪梨遷移過來的 Victor Churchill 很有劇場氛圍；搖滾酒吧 Cherry Bar 等都各具特色。World Best 50 Discovery 也推薦了 Margaux、Byrdi、Above Board、Bad Frankie、Bar Americano、Bar Liberty、Black Pearl、Gimlet、The Elysian Whisky Bar、The Everleigh 等酒吧。

國際餐飲匯集

墨爾本美食更突顯多元文化特色。已經營 20 多年的西班牙風味的 Movida 在 Hosier Lane 率先開啟餐酒館風潮。這裡希臘人多，因此希臘菜如 Salona 可試試。Cutler & Co. 位於改建過的金屬製造廠，主打創意料理；偏日式亞洲創意料理 Supernormal 也將展店至布里斯本；泰國料理 Chin Chin；市中心 Noi 38 的泰式小吃也總大排長龍。設計很歐風的 Alimentari 小館、Freyja、Tipo 00、Zetta Florence、Nico's 三明治、Decca；Serai 為人氣新選擇，還有

斯里蘭卡風味的 Hopper Joint 等。越南河粉也相當道地，如 Pho Hong Vuong 2，或是較摩登的 Straight Outta Saigon。還有美味的博多元助拉麵或日式三明治（Saint Dreux）。

　　所有的澳洲城市，以墨爾本擁有最多華人後裔，當然也有許多中餐。像是已有三間分店的山東媽媽餃子（ShanDong MaMa）、Crystal Jade Restaurant 飲茶、巨龍鎮店的熊貓麻辣鍋（Panda Hot Pot）等，都是在地好味道。

咖啡館齊聚

　　喝咖啡，對墨爾本人來說是萬分講究，有許多獨特咖啡館。知名 Market Lane coffee 最有特色的便是紙杯上標語「我們喜歡為這座熱愛喝咖啡的城市製作咖啡」。有 17 間分店的 Axil Coffee Roasters 烘焙精湛，咖啡師也頻頻得獎，包括 2022 年世界咖啡師冠軍及 ASCA 澳洲咖啡師錦標賽冠軍等。另一家 Seven Seeds 及同集團的 Brother Baba Budan 店內裝潢很吸睛，將懸吊在天花板上的椅子成為標誌，與 Travler 巷子咖啡都很

有味道。

　　精品咖啡先驅之一 ST. ALi Coffee Roasters 在印尼也有分店，還開了食物零售儲藏室和 ST. ALi x Grainshaker 合作餐酒館。總是很多人的 Dukes Coffee Roasters 也開在市中心；有四家分店的 Maker Coffee；在布里斯本也有兩間分店的 Industry Beans。Proud Mary Coffee 與 Aunty

Peg's 兩家店是同一個老闆，但氣氛卻很不一樣。市中心圖書館內的 Journal Café；咖啡酒都有的 Cathedral Coffee、個人很喜歡每次都要去的 Patricia Coffee Brewers、Workshop Brothers、Bench Coffee、Code Black、Two conversation、ACOFFEE、Padre Coffee 等多不勝數，難怪人們一天不能只喝一杯咖啡。

　　墨爾本有很多獨立咖啡館，各具特色分布整個城市角落，也印證了澳洲偏愛獨立咖啡館的業界風格。

甜點風潮

　　有著火箭造型，「全世界最好吃的可頌」Lune Croissanterie 總店位在 Fitzroy，現在市中心、西澳的阿瑪代

還拓展到巴黎與巴賽隆納。Iris 與 Baker D. Chirico 烘培坊也不錯。設計美食空間 CIBI Melbourne 匯集了日本風格咖啡館，設計商店也是好去處。

也別錯過當地知名巧克力專賣店 Koko Black 和 Mörk Chocolate 的熱巧克力，或是順道買些澳洲百年 Haigh's Chocolates 巧克力。

歷史悠久的百年名店霍普頓茶室（Hopetoun Tearooms）移到新址後，空間更為寬敞明亮華麗，旁邊還新增了糕餅店 Hopetoun Bake Shop。

爾（Armadale）與布里斯本、雪梨也有分店；由曾擔任 F1 一級方程式工程師的 Kate Reid 轉行與弟弟 Cam 合作開設。Lune Lab 是以可頌為靈感的試作實驗室，不定期研發套餐也很有創意。團隊另一間 Moon 姊妹麵包店，週末會販售美國很流行的油炸甜甜圈，即「油條」（crullers）。專賣塔派的 Tarts Anon 或 Bakemono Bakers 的甜點也常令人流口水。

從早午餐開始就很熱鬧的 Cumulus Inc.，建議以英式烤餅配蜂蜜咖啡來展開美好的一天。位於市中心的 Higher Ground 坐落在列入遺產名錄的發電站內，是複合式餐飲與早午餐的好地方。從墨爾本起家的 The Hardware Societe，烤蛋早餐是一絕，

除了甜點，澳洲人也熱愛冰品。國會大廈對面的 Gelateria Primavers 是個人最愛的冰品店，每到墨爾本必連續天天報到。名廚 Adam D'Sylvia 主導的 Boca Gelato 與 Pidapipo Laboratorio 手工冰淇淋也很知名。另一間 Piccolina Gelateria 也有其忠實粉絲。

連日本人都來墨爾本開店！2024 年日本甜點師傅川又浩（Hiroshi Kawamata）與旗下有熱門餐廳 279、Le Bajo Milkbar、Hareruya Pantry 和 Chiaki 的岡田貫太郎（Kantaro Okada）合作，把整間刨冰店 Sebastian Kakigori 從東京澀谷移轉到墨爾本。

喜歡美食與咖啡的朋友，一定會熱愛這個城市。墨爾本的存在，就如同歐洲優雅的貴族一般，而且還混合了經典與潮流的獨特風味。

人氣拜倫灣

位於澳洲大陸最東端的拜倫灣（Byron Bay），小鎮受「雷神」庇佑人氣超旺。好萊塢澳裔巨星克里斯・海姆斯沃斯（Chris Hemsworth）和妻子埃爾莎・帕塔基（Elsa Pataky）住在這裡，時常出沒在街頭，還常有明星有人來訪，價值 2000 萬元的拜倫灣豪宅也很受矚目。除好萊塢名流之外，拜倫灣和鄰近的小鎮班加洛（Bangalow）吸引了大批當地名人、開發商和高管等來此投資，當地房價超金貴。

拜倫灣是詹姆斯庫克船長在 1770 年發現，暱稱為 The Bay，還有知名燈塔引路。比起黃金海岸與陽光海岸雖然較小，但來這邊從事水上活動的以年輕人居多；整個小鎮有獨特慵懶、嬉皮鄉村風味，很令人放鬆。每年約有 200 萬名遊客參觀，每逢夏季，尤其聖誕節假期擠滿人，超熱鬧。位於華特格斯海灘（Wategos）上的 Rae's 飯店名氣超大，想在這裡

訂到房間可不容易，餐廳風景好餐點也很有水準；連湯姆・克魯斯與和凱特・溫絲蕾特都曾是住客。在拜倫灣連一般的公寓、民宿如 Halcyon House 和 Sun Ranch 等，都有獨特低調的奢華雅痞風。

美味推薦

拜眾多遊客所賜，這邊好吃的咖啡館與餐廳也很多。月桂葉咖啡館（Bayleaf Cafe）氛圍悠閒，還有美味的早午餐是當地人氣小店，來這邊也有很大機會遇到雷神。Light Years 則是人氣很旺的亞洲風味餐廳，之後又展店至努沙與黃金海岸，真正展現出餐飲興盛的「光年」。Beach Byron Bay 是另外一間海灘景觀餐廳，摩登的澳洲料理餐點很出色。人氣農莊 The Farm 裡的餐廳由 Three Blue Ducks 經營，注重有機當地食材。

這邊有幾間很有味道的咖啡館，像是 Barefoot Brew Room、Espressohead. 或 Allpress HQ；也可順便到 Masa Byron Bay 買人氣可頌，或是來片拜倫灣曲奇餅乾（Byron Cookies）。好友與我有個拜倫迷思，只要看到有加上 Byron Bay 字眼的食品或商品，通常品質、口味都很

優。當地也有知名的服飾品牌，如 St. Agni，以及許多特色家飾或選品店，像是 Haveli of Byron Bay 或 Bisque Traders 等。

　附近小鎮班加洛的豬肉很有名，這邊還有農夫市集、美味的義式料理店 Ciao, Mate!，以及人氣餐廳 You Beauty、咖啡館 Woods 等。往南的小鎮紐里巴爾（Newrybar）Harvest，也是大家很愛特地前往的美味餐廳。另外往北布倫瑞克黑（Brunswick Heads）的景觀也很寧靜遼闊，或想來點不一樣的話，附近還有充滿繽紛色彩與大麻裝飾的大麻村尼姆賓（Nimbin）小鎮，當然當地大麻合法。想體驗澳洲當地的嬉皮悠閒風，輕鬆度過幾天慵懶海港生活，就來趟拜倫灣吧！

Visit Byron Bay 官方旅遊 網 https://www.visitbyronbay.com
Visit Nimbin 官方旅遊 網 https://www.visitnimbin.com.au

©Tourism Australia, Rainforestation Army Duck Tour
https://www.rainforest.com.au/army-ducks/

Part 7 打工度假與投資、後疫情旅遊，PLUS 行程規劃

這幾年前往澳洲的朋友，目的都不一樣，從觀光、留學、打工度假、商務貿易或投資，樣樣都有。不管目的是什麼，都希望你能珍惜與享受每個與澳洲相遇的機會！

1 · 關於打工度假

工作度假簽證（Working Holiday Visa）是給想在澳洲度假、學習和工作最多 3 年的年輕人，提供的簽證；年齡需在 18 至 30 歲之間，並符合澳洲政府對申請人的其他要求，例如得健康和無犯罪紀錄等。事先了解工作市場與相關法規，安排好住宿，並準備足夠的現金支付初期生活成本，了解當地物價，同時做好預算。自 2024 年 1 月起，打工度假者可為同一雇主工作六個月以上，無需徵求許可。

有過打工度假經驗的人越來越多，聽別人經驗談也會幫助。雖很多「老包」帶著「新包」，但每個人想去打工度假的目的、個性、合適的工作都不同，千萬別被以訛傳訛的消息給誤導。應體驗真正不同的異國生活，多交一些來自世界各地的朋友，千萬別侷限在台灣背包客小圈圈裡。

在當地也要更注意安全、健康及工作權利。近年來有針對澳洲留學生進行的簡訊詐騙，切記在海外別輕易相信剛認識的朋友、陌生人。也要避免找黑工，出門在外更應保持警覺，並尋求官方管道，同時與駐外單位進行核實與諮詢。

「打工度假」應以「度假」先，後「打工」體驗人生為主。收穫應不單只是工資，從旅行中發掘自己的熱忱，培養獨立勇敢性格，累積平常不會嘗試的工作經驗才更好。生活就像澳洲迴力鏢（Boomerang）一樣，你投資了什麼就會回報什麼。

澳洲官方打工度假簽證的資訊，澳洲海關總署
網 www.homeaffairs.gov.au/Trav/Visa/Appl/
澳洲公平工作調查專員（Fair Work Ombudsman，能提供協助並提供中文服務）
網 https://www.fairwork.gov.au

2‧關於投資

近年來很多人都想來澳洲投資房地產；為了小孩讀書而來，或覺得澳洲安全等不同理由。外國人在澳洲投資房地產得先諮詢當地專業人士，如房地產經紀，並找可靠的律師與會計師幫你處理法律與稅金問題。也建議先做功課，了解當地市場，找到適合自己的投資地點，多詢問多比較。

還要了解外國人投資規定與限制，海外人士有限制，不能購買二手房等，投資金額必須獲得外國投資審查委員會（FIRB）審核批准通過。投資的公寓，或是別墅、聯排別墅（Town house）都必須是新建築的物業、空地或計劃中的房產；其他要考量的還有貸款與匯率問題。

通常如果是預售案，也可以直接找開發商洽談，必且挑選可靠開發商。澳洲房價近年已瘋狂飆漲，但隨基礎建設升級和預定大活動的進行，如奧運等，對澳洲房地產尤其布里斯本，普遍仍是樂觀；但仍要依個人需要去慎選投資建案。

外國投資審查委員會（Foreign investment in Australia）
網 https://foreigninvestment.gov.au

3‧後疫情旅遊

後疫情時代，旅行好像一樣又似乎有些不同。雖然疫情過了，但全球同樣都面臨缺工、人才短缺難題，尤其是在旅遊餐飲業。去餐廳或觀光景點時，請體諒業者們經營不易，所以可能容易遇到很多變動，比方說，資訊更改等，也請多點包容心與耐心。

別忘了！繼續保持衛生習慣、消毒與洗手，攜帶著口罩以防人多時保護自己，感冒時保護他人，也建議隨身攜帶常用藥品。經過了疫情，我們得理解什麼事都無法計畫與預期。因此，應該珍惜與家人朋友難得相處，珍惜每一次可出國的機會。關注當下體驗，感受真實的生活。

氣候變遷如何影響澳洲？

布里斯本與黃金海岸紛紛出現粉紅湖！這和西澳天然粉紅湖與澎湖海灘的粉紅泡泡不一樣。原本黑濕地，因氣候暖化導致湖中藻類變色，是一種天然現象；夢幻粉嫩的背後，是值得關注的全球暖化、氣候變遷議題。

然而，澳洲正經歷更高氣溫、更極端乾旱、火災季節、洪水和更極端天氣。過去五十年來，打破高溫紀錄的天數增加了一倍。

如今所有地區都容易遭受極端天氣影響，氣候變遷比我們想像的快速，因此當下請更珍惜守護僅有一個的寶貴地球。

行程規劃提醒

　　行程規劃的部分還是要以每一個人的需求與興趣去考慮。澳洲實在是非常得大，所以要考慮一下以內陸飛機、火車、包車還是自駕的方式來選擇不同旅遊路線。本書的規劃主要以大家在沒有辦法開車時，著重於精選一些交通比較便利的景點推薦。當然如果是有一些澳洲名勝知名景點等必須去，就算稍微遠一點的話也會放在重點行程之內。

打卡景點建議

　　出發前，建議先考慮自己喜歡的旅遊方式、偏好的行程主題與景點好計畫相關的行程，這邊挑出幾個出遊打卡景點給大家參考。

親子同遊	布里斯本、黃金海岸、凱恩斯、陽光海岸
美食藝術	墨爾本、雪梨、布里斯本
自然之旅	凱恩斯、大堡礁、萊明頓國家公園、春溪國家公園、藍山國家公園
蜜月推薦	心形礁島、白天堂沙灘、哈密頓島
海灘衝浪	黃金海岸、陽光海岸
嬉皮戶外	拜倫灣

澳洲境內航空

　　澳洲城市分布較為分散，地大人稀人口沿岸而居。因此城市與城市之間的交通工具多以飛機為主。內陸航空有澳洲航空（Qantas）、維珍航空（Virgin）為主，也有廉價航空選擇，如捷星（Jetstar）等。時間允許的話，從布里斯本也是可以自駕到黃金海岸、凱恩斯甚至是雪梨等地。當地也有許多一日遊，或是包車的彈性安排與選擇。到了凱恩斯、黃金海岸與哈密頓島等地也有前往雪梨或是墨爾本的國內班次。除了搭飛機，當然也有火車與渡輪甚至直升機或郵輪等其他選項。

前　往		花費時間
布里斯本	黃金海岸	駕車／火車約 1 至 1.5 小時
	陽光海岸	駕車約 1.5 至 2 小時
	拜倫灣	駕車約 2 小時
	凱恩斯	飛行約 2.5 小時
	哈密頓島	飛行約 2 小時
	雪梨	飛行約 1.5 小時／駕車約 9.5 小時
	墨爾本	飛行約 2.5 小時
雪梨	墨爾本	飛行約 1.5 小時／駕車約 9 小時

　　另外，出發的季節與時間，會影響氣候、機票價格，以及是否有當地活動或節慶可以順道體驗。比方說遇到連期期間就要提早訂好參訪票券；像是 9 月底開始，布里斯本與雪梨藍花楹陸續盛開紫色暈染整個城市。澳洲各地也有出海觀賞鯨豚，或是觀賞海龜下蛋的季節。

給滑雪愛好者

澳洲也有多個滑雪場，主要位於新南斯威爾斯州和維多利亞州。澳洲的雪質可能較為濕潤，雪季通常在六月至十月，這段期間是最佳的滑雪時機。因為季節正好與歐洲、亞洲不同，加上澳洲的冬季是北半球的夏季，所以澳洲正好滿足滑雪客一整年在不同地方滑雪的需求。若想前往澳洲滑雪勝地，可搭乘飛機到達雪梨或墨爾本，然後轉乘內陸飛機或租車前往目的地。

此外，澳洲雪場也有 Heli-Hop 直升機滑雪體驗！可以搭乘直升機飛越原始的雪白山脈，飽覽令人屏息的雪景；也可以帥氣的直接來個 Heli-Hop，從直升機跳下來直奔滑雪道！

Perisher 雪場 網 https://www.perisher.com.au　　　Thredbo 雪場 網 https://www.thredbo.com.au
Mount Buller 雪場 網 https://www.mtbuller.com.au/Winter/
Mt Hotham 霍瑟姆高山 網 https://www.mthotham.com.au
Falls Creek Alpine 福爾斯溪高山 網 https://www.fallscreek.com.au
直升機滑雪資訊 網 https://www.mthotham.com.au/on-mountain/things-to-do/activities/scenic-flights-heli-hop#32572-hotham-heli-hopAlpine
Helicopter Falls Creek 直升機滑雪資訊 網 https://www.fallscreek.com.au/listing/alpine-helicopters-falls-creek/

參考行程

行程僅供參考，實際安排需依班機與火車時間和使用的交通工具為主。

布里斯本重點地標 3 日遊

		上午	下午
第 1 天	布里斯本	昆士蘭美術館暨現代美術館、昆士蘭州立博物館、南岸公園欣賞得獎九重葛長廊、高雄地標、G20 地標	故事橋、澳洲得獎特色餐廳 Agnes 享用直火料理晚餐
第 2 天	布里斯本	逛 James Street、The Green 吃午餐	Lone Pine 抱無尾熊、Otto 義式景觀餐廳吃晚餐、庫塔山看夜景
第 3 天	布里斯本	逛市政府鐘樓、布里斯本博物館、Queen Street Mall、最新地標皇后碼頭享用景觀午餐	搭城市貓快艇遊覽城市、Howard Smith Wharf 喝啤酒觀賞故事橋、返台

　　如果有帶小孩，就可以考慮安排多一點天數在黃金海岸或是陽光海岸。如果喜歡城市風光與美食咖啡，便可以在布里斯本停留久一點。會開車租車的朋友前往黃金海岸或是陽光海岸會比較方便，如果搭乘火車或公共交通，也要考慮一下車程時間。

布里斯本＋黃金海岸 3 日遊（1）

		上午	下午
第 1 天	布里斯本	昆士蘭美術館暨現代美術館、昆士蘭州立博物館、南岸公園欣賞得獎九重葛長廊、高雄地標、G20 地標	市中心 Stanton 享用午餐、市政府和皇后街等商圈漫遊
第 2 天	布里斯本	逛 James Street、SK Steak 享用高級牛排午餐	搭城市貓快艇遊覽城市、Howard Smith Wharf 喝啤酒觀賞故事橋、海關大樓景觀吃晚餐
第 3 天	黃金海岸	前往海洋世界或親水公園	喝下午茶、返回布里斯本

布里斯本＋黃金海岸 3 日遊（2）

		上午	下午
第 1 天	布里斯本	昆士蘭美術館暨現代美術館、昆士蘭州立博物館、南岸公園欣賞得獎九重葛長廊、高雄地標、G20 地標	逛 James Street、故事橋、澳洲得獎特色餐廳 Agnes 享用直火料理晚餐
第 2 天	布里斯本	登高前往 Q1 SkyPoint 觀景台和衝浪者天堂、享用簡餐和咖啡	前往可倫賓野生動物園、抱無尾熊、餵彩色鳥等、享用海鮮大餐、探訪螢火蟲洞
第 3 天	黃金海岸	逛 HOTA 美術館、HOTA 頂樓景觀餐廳享用午餐	萊明頓國家公園、Yatala 享用百年肉派、返回布里斯本

活力 5 日遊

布里斯本 2 天＋卡麗島 3 天

		上午	下午
第 1 天	布里斯本	昆士蘭美術館暨現代美術館、昆士蘭州立博物館、南岸公園欣賞得獎九重葛長廊、高雄地標、G20 地標	逛 James Street、故事橋、澳洲得獎特色餐廳 Agnes 享用直火料理晚餐
第 2 天	布里斯本	庫塔山看山景、Lone Pine 抱無尾熊	市中心 Stanton 享用午餐、市政府和皇后街等商圈漫遊、晚上 The Terrace 小酌

		上午	下午
第 3 天	卡麗島	出發前往卡麗島	走訪尖峰峭壁（Pinnacles）和愛麗溪
第 4 天	卡麗島	白沙湖（Lake Mckenzie）	抓蛤蜊、沙灘游泳、自行烹調晚餐
第 5 天	卡麗島	前往沉船瑪希諾號遺跡（Maheno Shipwreck）	返回布里斯本

＊卡麗島也可改為去海豚島的天閣露瑪度假村（Tangalooma Island Resort）2 天

布里斯本 1 天＋凱恩斯 4 天

		上午	下午
第 1 天	布里斯本	昆士蘭美術館暨現代美術館、昆士蘭州立博物館、南岸公園欣賞得獎九重葛長廊、高雄地標、G20 地標	Lone Pine 抱無尾熊、義式料理 Bianca、庫塔山看夜景
第 2 天	凱恩斯	前進凱恩斯	前往得獎棕櫚灘（Palm Beach）
第 3 天	凱恩斯	出海前往大堡礁	
第 4 天	凱恩斯	搭熱氣球、探訪雨林區、搭纜車	市區漫遊、前往蝴蝶園
第 5 天	凱恩斯	玩高空彈跳、前往凱恩斯天空之城帕羅尼拉公園	返回布里斯本

充實 7 日遊

　　拜倫灣是近來在澳洲當地非常熱門的景點，離黃金海岸以南開車約一個多小時車程。曾獲得 100 Best Travel 網站上票選為澳洲第一、世界第三美的海灘。很多年輕人很喜歡這裡，是相當具有嬉皮個性的海邊小鎮。

布里斯本 2 天＋黃金海岸 3 天＋拜倫灣 2 天

		上午	下午
第 1 天	布里斯本	昆士蘭美術館暨現代美術館、昆士蘭州立博物館、南岸公園欣賞得獎九重葛長廊、高雄地標、G20 地標	Lone Pine 抱無尾熊、義式料理 Bianca、庫塔山看夜景

		上午	下午
第 2 天	布里斯本	市政府和皇后街等商圈漫遊、The Green 吃午餐	逛 James Street、故事橋、袋鼠角 Joey 享用晚餐
第 3 天	黃金海岸	登高前往 Q1 SkyPoint 觀景台和衝浪者天堂、享用簡餐和咖啡	前往可倫賓野生動物園、抱無尾熊、餵彩色鳥等、享用海鮮大餐、探訪螢火蟲洞
第 4 天	黃金海岸	搭熱氣球、逛 HOTA 美術館	Palette 享用午餐、逛 Pacific Fair、前往賭場觀光加吃晚餐
第 5 天	黃金海岸	前往海洋世界或電影世界（Movie World）	
第 6 天	拜倫灣	前往拜倫灣、危險角	The Beach 享用午餐、走訪燈塔、衝浪體驗
第 7 天	拜倫灣	Bayleaf 吃早午餐、市區漫遊	返回布里斯本

布里斯本 2 天＋雪梨 3 天＋墨爾本 2 天

		上午	下午
第 1 天	布里斯本	昆士蘭美術館暨現代美術館、昆士蘭州立博物館、南岸公園欣賞得獎九重葛長廊、高雄地標、G20 地標	Lone Pine 抱無尾熊、義式料理 Biànca、庫塔山看夜景
第 2 天	布里斯本	昆士蘭州立博物館	新農場公園、逛 James Street、Eat Street Market 逛夜市
第 3 天	雪梨	前往雪梨	雪梨歌劇院、夕陽郵輪行
第 4 天	雪梨	藍山國家公園	藍山國家公園
第 5 天	雪梨	Single O 吃早午餐、逛市中心 QVB 商場	前往墨爾本
第 6 天	墨爾本	咖啡館 Market Lane、塗鴉巷弄 Hosier Lane	大洋路、三頂高帽餐廳 Brae 享用晚餐
第 7 天	墨爾本	咖啡館 St Ali、South Yarra、布萊頓海灘的彩色小屋	NGV 美術館、返台或是返回布里斯本

後記

在這多變的世界，每一天我都仍在探索自己居住的這個城市。澳洲原住民，也是全世界最古老的文明有句知名諺語：「我們都是這時的過客。這地方我們只是路過。來這裡的目的是去觀察、去學習、去成長、去愛。然後我們回家。」（We are all visitors to this time. This place we are just passing through. Our purpose here is to observe. To learn. To grow. To love. And then we return home.）用在旅行，用在人生。盡情的把握當下，盡情的體驗才能繼續滋養豐富身心靈。歡迎來澳洲，也預祝旅途愉快！

©Tourism Australia

布里斯本
黃金海岸
雪梨‧墨爾本
世界遺產、最美沙灘、打工遊學，
澳洲度假全攻略
Gold Coast Brisbane

作　　　者	愛麗絲（Alice Tsou）
責 任 編 輯	蔡穎如
封 面 設 計	走路花工作室
內 頁 編 排	林詩婷
行 銷 主 任	辛政遠
資 深 行 銷	楊惠潔
通 路 經 理	吳文龍
總 編 輯	姚蜀芸
副 社 長	黃錫鉉
總 經 理	吳濱伶
首 席 執 行 長	何飛鵬

出　　　版　創意市集Inno-Fair
發　　　行　英屬蓋曼群島商家庭傳媒股份有限公司城邦分公司
　　　　　　Distributed by Home Media Group Limited Cite
地　　　址　115 臺北市南港區昆陽街16號8樓
　　　　　　8F., No. 16, Kunyang St., Nangang Dist., Taipei City 115 , Taiwan

城邦讀書花園　www.cite.com.tw
客戶服務信箱　service@readingclub.com.tw
客戶服務專線　(02) 25007718、(02) 25007719
客戶服務傳真　(02) 25001990、(02) 25001991
服 務 時 間　週一至週五09:30～12:00、13:30～17:00
劃 撥 帳 號　19863813　戶名：書蟲股份有限公司
實體展售書店　115 臺北市南港區昆陽街16號5樓

I S B N　978-626-7336-96-0（紙本）/ 978-626-7488-03-4（EPUB）
版　　　次　2024年8月初版1刷
定　　　價　新台幣460元 / 322元（EPUB）/ 港幣153元

製 版 印 刷　凱林彩印股份有限公司

◎如有缺頁、破損、裝訂錯誤，或有大量購書需求等，都請與客服聯繫。

★ 廠商合作、作者投稿、讀者意見回饋，請至：
　創意市集粉專　https://www.facebook.com/innofair
　創意市集信箱　ifbook@hmg.com.tw

國家圖書館預行編目(CIP)資料

布里斯本‧黃金海岸‧雪梨‧墨爾本：世界遺產、最美沙灘、
打工遊學，澳洲度假全攻略 / 愛麗絲 (Alice Tsou) 著.
-- 初版. -- 臺北市：創意市集出版：英屬蓋曼群島商家庭
傳媒股份有限公司城邦分公司發行, 2024.08
　　面；　　公分
ISBN 978-626-7336-96-0（平裝）

1.CST: 旅遊 2.CST: 澳大利亞

771.9　　　　　　　　　　　　113005934

香港發行所　城邦（香港）出版集團有限公司
九龍土瓜灣土瓜灣道 86 號順聯工業大廈 6 樓 A 室
電話：(852) 2508-6231
傳真：(852) 2578-9337
信箱：hkcite@biznetvigator.com

馬新發行所　城邦（馬新）出版集團
41, Jalan Radin Anum, Bandar Baru Sri Petaling,
57000 Kuala Lumpur, Malaysia.
電話：(603) 9056-3833
傳真：(603) 9057-6622
信箱：services@cite.my